本书得到北京市高校分类发展项目
"京津冀协同发展与城市群系统演化政产学研用平台"资助

经济激励
对乡村教师供给的
影响效应研究

姜金秋 ◎ 著

首都经济贸易大学出版社
Capital University of Economics and Business Press
·北 京·

图书在版编目（CIP）数据

经济激励对乡村教师供给的影响效应研究 /姜金秋著.
--北京：首都经济贸易大学出版社，2023.10
ISBN 978-7-5638-3591-1

Ⅰ.①经⋯　Ⅱ.①姜⋯　Ⅲ.①经济政策-激励制度-
影响-农村学校-教师-研究-中国　Ⅳ.①G525.1

中国国家版本馆 CIP 数据核字（2023）第 180246 号

经济激励对乡村教师供给的影响效应研究
姜金秋　著
JINGJI JILI DUI XIANGCUN JIAOSHI GONGJI DE YINGXIANG
XIAOYING YANJIU

责任编辑　浩　南
封面设计　砚祥志远·激光照排　TEL：010-65976003
出版发行　首都经济贸易大学出版社
地　　址　北京市朝阳区红庙（邮编 100026）
电　　话　（010）65976483　65065761　65071505（传真）
网　　址　http://www.sjmcb.com
E- mail　publish@cueb.edu.cn
经　　销　全国新华书店
照　　排　北京砚祥志远激光照排技术有限公司
印　　刷　人民日报印务有限责任公司
成品尺寸　170 毫米×240 毫米　1/16
字　　数　154 千字
印　　张　10.75
版　　次　2023 年 10 月第 1 版　2023 年 10 月第 1 次印刷
书　　号　ISBN 978-7-5638-3591-1
定　　价　45.00 元

目　录

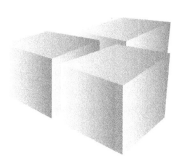

第一章
绪 论

一、问题的提出

《中国农村教育发展报告（2017）》指出，"我国西部地区长期以来面临师资补充的危机，具体表现为：一是不能足额招到要补充的教师，即使招到后也会在一段时间内流失，还有一些人在报到时亲眼见到学校情况后即选择离开；二是很难招到优秀的教师，应聘者的素质越来越差，非师范生所学专业五花八门，只通过了教师资格证的考试就来应聘，并没有经过教师教育的系统培训"[35]。总之，乡村边远地区教师数量不足，艰苦地区学校流失严重、补充困难，这些都影响了义务教育的均衡发展。

实际上，贫困农村地区教师的招聘与保留是一个世界性的难题。较差的学校工作环境、多学科的教学压力，以及缺少公共设施、远离经济文化中心等多方面问题导致了贫困农村地区难以吸引高素质教师。为破解这一难题，各国纷纷制定了多样化的经济激励政策，以实现农村教师资源的合理配置[19]。所谓经济激励政策，指政府为鼓励教师去艰苦边远农村地区工作而制定的经济方面的优惠政策，包括额外的工资奖励、农村生活补助、学费补偿、住房优惠等。例如，日本 1954 年出台的《偏僻地方教育振兴法》规定，对偏远地区学校教职工增发特殊津贴；美国于 2007 年颁布了《农村教师保留法案》；法国于 1981 年规定，根据学校地理位置、社会环境等因素设立教育优先区，并给该区教师发放津补贴。此外，澳大利亚昆士兰州制订了边远地区奖励计划，阿根廷、尼泊尔、菲律宾、莫桑比克等国则给农村教师提供额外奖金。

在我国，为鼓励更多青年投身乡村教育事业，国务院办公厅于 2015 年 6 月印发了《乡村教师支持计划（2015—2020 年）》（以下简称《乡村教师支持计划》），该计划强调和补充了以下四项主要经济激励措施。

第一，高校毕业生如果获取了教师资格并在毕业后去乡村学校任教达到一定期限，可以按有关规定享受学费补偿和国家助学贷款代偿。

第二，全面落实集中连片特困地区乡村教师生活补助政策。全面落实2013年教育部、财政部印发的《关于落实2013年中央1号文件要求对在连片特困地区工作的乡村教师给予生活补助的通知》，该政策按照"地方自主实施、中央综合奖补"的原则，对在连片特困地区乡、村学校和教学点工作的教师（以下简称"乡村教师"）给予生活补助。

第三，依法为乡村教师缴纳住房公积金和各项社会保险，按规定将符合条件的乡村教师住房纳入当地住房保障范围，建立省市县三级乡村教师重大疾病救助基金。

第四，鼓励各省市采取有效措施，激励城镇退休的优秀教师去乡村学校支教讲学，中央财政比照边远贫困地区、边疆民族地区、革命老区人才支持计划和教师专项计划给予适当支持。

那么，在人才市场中，教师的招聘和保留受哪些因素的影响？上述四项经济激励政策能否增加乡村教师的供给？国家制定上述各项经济激励政策的具体执行情况如何？能否实现吸引并保留优秀教师扎根贫困农村的政策目标？为此，本书将从劳动经济学理论的视角去分析经济激励对乡村教师供给的理论影响，并对西部院校师范生和乡村教师开展问卷调查，基于调查结果实证检验经济激励政策的实施效果，以期为国家进一步完善和制定乡村教师激励策略提供理论和实践依据，推进城乡教育一体化发展。

二、概念的界定

对于"乡村"，美国学者罗得菲尔德（Rodefield）认为，"是人口稀少、相对隔绝、以农业生产为主要经济基础，人们生活方式基本相似，而与社会其他部分——城市有所不同的地方"[30]。本书则根据国内学者基于行政角度划分对乡村做出的概念界定，即乡村包括乡（镇）、村等行政区域。

"乡村教师"，即在乡村义务教育学校从事教学育人工作，以乡村学校为主要教育场所的教育服务者和教育者。

"经济激励政策",即运用激励型工具制定的政策。所谓激励型(Inducements)[15]工具,是指"给予个体或机构货币以换取相应的行为",如补贴、拨款、财政转移支付、税收激励、优惠券、贷款等。激励型工具适用于鼓励差异行为模式的环境,缺点是需要一定的财政资金支持以及激励标准难以确定等。针对乡村教师的吸引和保留,可采用的激励型工具包括"生活补助""毕业生学费补偿""支教奖励""长期从教奖励""财政支持建设教师周转房"等。

三、国内外研究现状述评

(一)国外相关研究现状

国外农村教师工资的相关研究主要围绕四个方面展开:一是关于奖励计划与农村教师的供给;二是关于农村地区教师吸引与保留的影响因素分析;三是工资水平及其对教师吸引力的实证研究;四是工资水平与教师保留和流失之间的关系。代表性文献和主要观点见表1.1。

表1.1 国外相关研究现状

研究视角	主要观点	代表性文献
奖励计划与农村教师的供给	制定鼓励教师偏远地区任教的奖励计划;若要保证计划的有效性,应重点激励偏远地区和短缺学科的教师	Loeb and Myug (2010); Stonge, Gareis and Little (2006); Holloway (2002); Harris and Sass (2008); Mwenda and Mgomezulu (2018)
农村地区教师吸引与保留的影响因素分析	低工资、地理与社会隔离、艰苦的工资条件、学生特征等	Beeson and Strange (2003); Luekens, Lyter, Fox and Chandler (2004)
工资水平及其对教师的吸引力的实证研究	提高教师的工资水平将会吸引更多潜在的教师群体,从而增加能力更强的教师供给群体	Podgursky (2009); Lankford et al. (2002); Educational Research Service (2004); Pugatch and Schroeder (2014)

续表

研究视角	主要观点	代表性文献
工资与教师保留与流失之间的关系	一些研究证实，工资是影响教师流失的主要因素；另一些研究则发现工资并不是造成教师流失的最主要原因，而与低工作满意度、教师行业内有限的职业发展机会以及学校学生的特征有关	Booker and Glazerman （2009）；Hanushek，Kain and Rivkin （2004）；Johnson and Birkeland （2003）

1. 奖励计划与农村教师供给

许多研究者和教育组织都很关注那些激励教师去相对偏远地区任教的计划（Stonge，Gareis and Little，2006；Ingersoll，2001；NASBE，1998；Voke，2002；Loeb and Myug，2010）。对此不少学者强调，激励要有针对性，要对那些愿意去最偏远地区任教的教师或是长期短缺的学科教师给予重点奖励。同时有学者提出，除工资外，住房问题也是农村教师招聘中亟待解决的棘手问题（Holloway，2002；R. M and Smith T. M，2003）。

里德和巴斯比（Reed and Busby，1985）[6]认为，乡村教师招聘和保留与经济激励和生活补助的范围直接相关。他们以美国弗吉尼亚州的 67 所农村学校为数据样本进行实证分析，结果表明，提供范围更广、金额更多的生活补助将有助于减少农村教师流失问题的发生。姆文达和玛祖鲁（Mwenda and Mgomezulu，2018）[5]利用李克特量表研究了农村津贴对小学教师吸引与保留的影响效应。其中，冈比亚（Republic of the Gambia）为了吸引城镇教师到农村学校任教，其农村津贴随着农村与城市距离的远近划分为三个等级；莱索托给予农村教师每月 275 马洛蒂的生活津贴；莫桑比克则根据地区远近分四个等级发放位置津贴。但研究结果显示，农村津贴并不是一项令人满意的激励措施，提供住房对教师的影响效应更大。戴瑟夫（Alan Dessoff，2010）[1]发现美国各州政府颁布了很多经济激励政策来应对资深教师的离职问题。例如，阿拉斯加州针对 15 个孤立村庄中的教师实施"服务认可计划"，随着任教年数的增加，教师的工资和福利待遇也逐年提高，这使得该地区每年的教师离职率稳定在 20%以下；南卡罗来纳州教育部为农村地区建房，以此吸引和安置新教师；白令海峡地区为在乡村工作的教师提供补贴，同时该地区也为乡村教师提供条件齐全的住房。

哈努谢克和佩斯（Hanushek and Pace，1995）[11]以及豪恩谢尔和格里芬（Hounshell and Griffin，1989）[16]的两项研究从总体上分析了教师工资对招聘的影响。哈努谢克和佩斯追踪调查了美国 1 325 名高中毕业生，分析他们自 1986 年进入劳动力市场以后的工资收入与职业选择。研究结果表明：影响女性进入教师行业的主要原因并不是工资起薪的差距。

里德和巴斯比[6]的研究则侧重于农村学校教师招聘情况。他们通过访谈的形式，与美国弗吉尼亚州 67 个农村学区的教育负责人进行对话，掌握了该地区农村教师的招聘情况和薪酬状况。调查结果显示：来薪酬较丰厚地区应聘的农村教师占比达 78%。当然，弗吉尼亚州内各地对于"薪酬丰厚"的理解并不相同：其中提供健康、养老、退休或休假等福利待遇的学区达 96%，提供有竞争力的工资的学区占 63%，提供住房保障的学区占 47%，提供交通补助的学区占 35%。

由于不同的研究采用不同的代理变量来测量教师质量，因此关于工资对所聘的教师质量的影响无法得出一致性的结论。曼斯基（Manski，1987）[3]于 1972 年和 1979 年追踪调查了 2 952 名高中毕业生，并运用教师资格水平和教师在高中毕业时的 SAT① 成绩这两项指标来衡量教师质量，构建回归方程，量化分析教师收入对教师质量的影响。研究结果表明：当增加周工资的 40%时才能将教师群体 SAT 得分增加 22 分，如果对 SAT 得分有一个最低要求，例如 800 分，同时增加教师工资，这将会使教师 SAT

---

① SAT，也称"美国高考"，是由美国大学理事会（College Board）主办的一项标准化的、以笔试形式进行的高中毕业生学术能力水平考试。其成绩是世界各国高中毕业生申请美国高等教育院校入学资格及奖学金的重要学术能力参考指标。据说，最开始 SAT 是"学术天赋测试"（Scholastic Aptitude Test），后来才改称"学术评估测试"（Scholastic Assessment Test）。

平均分达到 1 020。

加尔克斯（Galchus, 1994）[14] 运用 1984—1985 年美国阿肯色州 75 个学校的样本数据，将是否通过该州基本技能测验作为衡量高质量教师的依据。加尔克斯的研究发现很有意思，如果教师工资增加会提高教师质量，那么学区和学校管理者将会为了减少学校运行成本而降低对高质量教师的需求。

勒布和佩奇（Loeb and Page, 2000）[21] 提出假设：高标准的教师质量衡量要求会降低高中辍学率和提高大学入学率。他们通过对美国哥伦比亚市的 49 所公立学校微观数据（1960—1990）进行回归分析，研究结果证实：增加教师的相对工资，在一定程度上能够提高其所教班级学生的大学入学率，同时降低高中生辍学率。

斯蒂内布里克纳（Stinebrickner, 2001a, 2001b）[26][27] 在 1972 年至 1986 年对一群特殊教师群体进行了追踪调查。斯蒂内布里克纳对两种涨工资方案进行了研究：一种是依据教师能力确定工资增长幅度，平均工资提高 25%；另一种是全部教师的工资增长 25%。研究后得出的主要结论表明：两种涨工资方案都能够增加教师从教年限的心理意愿。但相对而言，依据教师能力的方案有更显著的激励效果。调查进一步发现：相对于女性，男性对工资涨幅更为敏感。

美国自 20 世纪 80 年代以来，得益于许多有影响力报告的呼吁，如 1983 年的国家卓越教育委员会（National Commission on Excellence in Education）建议只有增加教师工资才能招聘到更高质量的教师（Ballou and Podgursky, 1996），使得美国公立学校教师实际工资的增长速度要快于其他类似水平的教育、培训机构的教师。基于此背景，菲利奥（Figlio）对工资的增长究竟能否使公立学校吸引到高质量的教师这一问题进行了研究。研究认为，一个学区能否招聘到高质量的教师不仅取决于教师工资等货币因素，而且受到其他非货币因素的影响，如学校教师的工作压力、学生家长的素质等。此外，还受到教师个体偏好的影响，如一些教师希望在方便孩子入学的学区以及在离家较近的学区工作。

该研究选取美国教育部门开展的学校与教师情况调查（SASS，1987—1988，1993—1994）中188所学校2 672名新聘教师作为研究样本①。其中，新聘教师是指在该学校工作年限小于2年的教师，菲利奥又进一步将样本细分为两组样本：已有工作经验转入该学校的教师，以及新毕业进入该学校工作的教师。接下来，菲利奥采用了新聘教师毕业学校的影响力（通过他们所毕业学校大一新生的SAT平均成绩来衡量）和新招聘教师所学专业与目前所教科目的匹配度（如果匹配，则该值为1，否则为0）这两个代理变量来衡量教师质量。同时，将学区学生规模、入学人数增长率、黑人学生所占比例、教师工会的覆盖率，以及学校获得免费午餐学生的比例等作为学校和学区层面的控制变量。

研究结果证实：在非工会学区，依据面板数据建立回归方程可得，高工资会提高招聘教师的质量。平均来讲，一个学区的教师工资每提高2 525美元（一个标准差）将会使该地区招聘的教师SAT成绩提高12分。依据教师的学用匹配指标建模结果显示，工资每增加一个标准差，将使招聘到对口专业教师的概率增加11个百分点。可见，在非工会学区，高工资与学区招聘的教师质量之间确实存在显著的正相关关系。

2. 农村地区教师吸引与保留的影响因素分析

（1）低工资。美国农村地区所在州或地方政府通常无力支付高工资，从而使农村地区教师工资低于发达的城市地区，因而无法吸引高质量教师前来应聘（Beeson and Strange，2003；Educational Research Service，2004）。

（2）地理与社会隔离（geographic and social isolation）。许多调查研究表明，由于农村地理位置偏远，远离社交群体和购物中心，年轻教师不愿

---

① 菲利奥在研究上述面板数据的过程中，引入学校及学区层面特征来控制固定效应，从而控制其他因素的作用，目的是使对招聘教师质量的影响估计更加准确。

选择去农村任教（Collins，1999；Proffit，Sale，Alexander and Andrews，2002）。

（3）艰苦的工资条件。此处艰苦的工作条件包括缺少教学资源、学术共同体、有效的领导、学科发展等，这些也是教师离开工作岗位时所提及的重要原因（Luekens，Lyter，Fox and Chandler，2004）。

3. 工资与教师吸引（Attraction）

教师的工资水平究竟是高还是低？相对工资水平对教师质量有怎样的影响？这些是教师工资水平争论的焦点。由于女性教师是基础教育的主导力量，美国许多学者从宏观角度出发分析女性教师劳动力的供给是否受到外部劳动力市场变化的影响。也就是说，随着社会减少对女性的歧视以及增加女性劳动力的就业机会，是否会引起公立学校女性教师质量的逐年下降？对此，有学者提出了"挤出理论"（crowding thesis）。该理论认为，随着反歧视法的颁布，加之其他公民权利尚不够完善的法律背景下，许多受教育程度高、有才能的女性会由于其他职业的高门槛而选择基础教育教师行业。但随着医学、会计、法律、金融等其他职业放宽对女性的任职限制，越来越多的女性有更多的机会进入各种行业，从而使教师行业的应聘率下降。因此，如果教师行业的相对工资不能增加，这将在一定程度上导致教师劳动力质量下降。

还有学者利用时间序列数据进行相关研究，以检验教师相对工资的长期变动趋势对女性教师质量的影响。科克兰等（Corcoran，et al.，2004）[23]将女性教师的质量同其高中时期的学业成绩挂钩，对此他们通过五项高中毕业生群体的历史调查数据（1957—1992）进行研究，结果显示：女性教师的平均学业成就与其他高中女生相比只有轻微的差距，但是来自学校成绩排名前 1/5 的高中生成为教师的概率大幅降低。霍克斯比和利（Hoxby and Leigh，2004）[4]采用美国最近的大学毕业生调查（1963—2000）数据进行研究，同样发现：高中时学业成绩排在前 1/5 的学生毕业后成为教师的概率由 1963 年的 20% 降低到 2000 年的 4%，相对于其他行业，教师行业的降低比例要高得多。巴科洛德（Bacolod，2007a，2007b）多次采用国家历史调查数据，将出生于 1940—1949 年以及 1960—1969 年的群体进入教师职业的概率进行对比，研究表明：高质量人才[①]进入教师行业的概率大幅降低。虽然学者们是通过不同样本数据进行研究的，但都得到了相似的结论：优秀的女性进入教师行业的概率会随着外部劳动力市场的发展而降低。这也进一步证实了挤出理论（Corcoran，Evans and Schwab，2004；Hoxby and Leigh，2004；Bacolod，2007a，2007b）。帕加奇和施罗德（Pugatch and Schroeder，2014）通过对非洲国家（如冈比亚）的数据进行断点回归来进行研究，结果显示：如果冈比亚政府将偏远地区教师的工资平均提高 30%~40%，将促进教师从发达地区向不发达地区的流动[24]，同时提高乡村教师的合格率。

4. 工资与教师保留与流失（Retention and Mobility）

学者们有关工资与教师流失与保留的关系研究结果并不一致。

（1）一些研究对工资是影响教师流失的主要因素的观点持赞成意见。这些研究采用高中毕业生进入教师职业后的追踪调查数据，依据回归分析、倍差法等模型得出结论：工资是教师流失的主要原因（Allred and Smith，1984；Peter Dolton et al.，1995，2003；Stinebrickner，1998，1999；Lankford，Loeb and Wyckoff，2002；Grissmer and Kirby，1992；Booker and Glazerman，2009）。

奥尔雷德和史密斯（Allred and Smith，1984）[28]对美国犹他州 834 名离职教师进行了研究，结果表明：工资待遇低是 43% 的教师选择离开农村学校的主要原因。道尔顿等（Dolton et al.，1995，2003）[17][18]研究了英国和美国教师的相关数据，发现相对工资能够显著影响教师关于任职和离职的选择。斯蒂内布里克纳（Stinebrickner，1998，1999）[25]跟踪调查了已获得教师资格证的 341 名高中毕业生，研究发现工资水平每提高一个标准差

———————

① 采用美国武装部队资格考试（Armed Forces Qualification Test，AFQT）成绩来测量。

将使教师再任职 5 年的概率提高 9%，这表明教师任职期限和工资水平之间具有显著的相关关系。兰克福德等（Lankford，et al.，2002）[12] 得出了一个有趣的发现，教师流动会受同一市区内（metropolitan）不同学区间工资差异的影响，但不会受同一学区内不同学校间工资差异的影响。格里斯默和柯比（Grissmer and Kirby，1992）[8] 对印第安纳州 43 000 名教师进行研究，结果显示工资每增加 10% 将使教师流失降低 10%。哈努谢克（Hanushek）的研究结果显示，男女教师会因为工资水平的提高而产生不同的流动意愿。一般而言，工作年限满 6 年及以下的女教师不会因工资变化而产生显著的流动意愿，但男教师会因为工资的提高而产生显著的流动意愿[9]。申硕贤（Hyun Seok Shin）发现，教师在校任期对工资变动的影响显著，平均工资越高的学校，教师愿意留任的时间也越长[13]。

（2）另一些研究则表明，工资不是导致流失流动的首要因素。这些研究认为，除工资外，还有许多影响教师流动的原因，如较差学业成就的学生比例、少数族裔学生以及低收入家庭学生情况等因素，此外还包括教师的低工作满意度、教师行业内有限的职业发展机会等因素（Hounshell and Griffin，1989；Chapman and Hutcheson，1982；Hanushek，Kain and Rivkin，2004；Ingersoll，2001；Hall，Pearson and Carroll，1992；Johnson and Birkeland，2003）。豪恩谢尔和格里芬（Hounshell and Griffin，1989）[16] 研究认为，只有在教师实现了对教育最初的激情和抱负的条件下，工资才可能成为影响其流动的因素。查普曼和哈奇森（Chapman and Hutcheson，1982）[7] 研究发现，家人和朋友的支持以及学校管理者的认可才是吸引教师留在教学岗位继续任教的关键因素。哈努谢克等（Hanushek，et al.，2004）[10] 通过研究美国得克萨斯州公立学校教师转校的原因，发现教师工资对教师的流失影响很小，而与学校学生的特征相关性很大，如较差学业成就的学生比例、少数族裔学生以及低收入家庭学生的情况等。英格索尔（Ingersoll，2001）[20] 研究发现，工资与工作条件通过影响工作满意度从而间接影响教师流动，英格索尔由此指出，影响教师离职的主要原因是教师

的工作满意度。霍尔等（Hall，et al.，1992）[2]、约翰逊和伯克兰
（Johnson and Birkeland，2003）[22]的研究得出一致结论：工资不是影响教
师离职的主要原因，在该行业内有限的职业发展机会才是其离职的主要原
因。哈努谢克（Hanushek，1999）研究表明，影响教师离职的主要因素是
学生的家庭经济水平、学业成绩、种族特征等[9]。

（二）国内相关研究现状

国内学者关于乡村教师的吸引与保留的研究主要分为以下五个主题：
一是关于乡村教师支持计划的政策实施与执行路径；二是关于农村教师津
补贴的研究；三是关于农村教师工资待遇的研究；四是关于农村教师队伍
现状的研究；五是关于农村教师流失的研究（参见表 1.2）。

表 1.2　国内相关研究现状

研究主题	研究内容和视角	代表性文献
乡村教师支持计划	落实乡村教师支持计划的实现路径，寻求农村教师和教育发展的突破口与着力点	钟秉林（2015）、邬志辉（2015）、袁桂林（2015）、张旭（2015）
农村教师津补贴	国外边远地区教师的补贴政策，国内津补贴政策的文本分析	任琳琳和邬志辉（2013）、邬志辉等（2012）、钟景迅和刘任芳（2018）
农村教师工资待遇	农村教师工资政策的历史演变，农村教师工资现状，教师绩效工资改革相关研究	庞丽娟等（2010）、容中逵（2014）、安雪慧（2014）、陈慧青（2011）、赵宏斌等（2011）、毛亚庆（2014）
农村教师队伍现状研究	特岗教师计划的政策研究，农村教师队伍现状调查与对策研究	郑新蓉等（2012）、袁桂林（2009）、杜育红（2013）、安雪慧和丁维莉（2014）、庞丽娟和韩小雨（2006）
农村教师流失	描述分析各地区农村教师流失现状及影响因素，对农村教师流失的心理学与社会学分析	蔡永红等（2014）、王国明（2014）、于兰兰等（2011）、柴江（2010）、孙智勇（2016）、吴志华等（2011）

1. 乡村教师支持计划

自 2015 年 6 月《乡村教师支持计划》（2015—2020）颁布以来，国内

许多学者发文探寻落实乡村教师支持计划的实现路径和政策落实的难点。学者们指出，重点提升乡村教师的工资待遇水平，这是对乡村教师来说最直接、最实在的举措（钟秉林，2015；邬志辉，2015；袁桂林，2015）。

在乡村教师支持计划的实施背景下，范先佐（2015）指出乡村教育的发展短板在乡村，根本在教育。但长期以来，在我国农村，特别是农村偏远地区，由于学校办学条件差，往往既吸引不到又留不住优秀教师，致使学校教师队伍现状堪忧，经济因素成为乡村教育教师发展的一大阻碍[29]。刘善槐（2018）认为，乡村教师的工资水平、职业荣誉、职业发展等综合待遇的水平和结构还存在许多问题，外部吸引力弱，没有体现艰苦地区的差异补偿，也不能发挥学校层面的激励作用。

2. 农村教师津补贴的研究

国内关于农村教师津补贴的系统研究相对较少，已有成果主要由东北师范大学农村教育研究所邬志辉教授及其团队完成，包括对国外实施艰苦边远地区教师津补贴的政策状况分析（任琳琳、邬志辉，2013），以及对绩效工资改革后各地区农村教师津补贴落实情况的文本分析与调查研究（邬志辉等，2012）。任琳琳（2013）的研究简要介绍了多个国家津补贴政策的特征，并对我国农村教师津补贴制度的制定给出了以下建议：一是突出重点、加大额度；二是物质性激励与非物质性激励相结合；三是相关法规政策要及时跟进；四是加强政策跟踪，及时评价反馈实施效果并随时对政策进行相应的调整。邬志辉（2012）通过对全国 31 个省、333 个地级市和 2 862 个县区级政府网站进行关键字查找的形式得到相应的政策文本，从而整理出相关的统计数据。其研究认为：一是应从国家层面制定详细的补贴制度，实现"同苦同贴"；二是应根据地方的经济情况和学校本身所在地两个维度来区分农村学校的补贴标准（研究者为此提出了几个相应的指数）；三是各级政府应分类、按比例承担相应经费；四是应开展调查研究，及时进行反馈和调整。

解光穆和谢波（2017）[34]建议对乡村工作的教师发放特殊补助，与乡村公务员等其他行业人员区别对待，并适当提高补助标准。钟景迅和刘任芳（2018）[37]研究发现了这样一些问题：乡村教师生活补助额度较低，乡村教师生活补助吸引优秀师资到农村边远地区任教的效果有限；乡村教师生活补助的发放，可能加大部分欠发达地区的县级财政负担；欠发达地区的农村边远地区在补助发放过程中成为容易被忽视的对象。王爽和刘善槐（2019）[32]基于"事实—价值"的政策评估理论框架，对东中西部 8 省 8 县乡村教师生活补助政策评估后发现：在事实层面，该政策已取得显著成效，补助标准逐年提升，补助范围持续扩大；在价值层面，乡村教师的利益诉求难以得到充分满足，主要原因在于政策目标未全部考虑边远艰苦地区的所有教师，加之县级仍是发放与制定补助标准的主体，使得补助标准仍然偏低。王声平等（2019）[33]采用文本分析的方法，研究了自中华人民共和国成立以来与教师工资福利密切相关的 15 份政策文本，将教师工资福利分为公共福利、职业福利、社会保障三部分，其研究发现，我国教师工资与补贴还存在以下问题：社会保障主体单一，政府对教师公共福利关注不够，住房福利总体水平低，津补贴政策不完善，地区差异性显著等。

3. 农村教师工资待遇研究

（1）农村教师工资政策的历史演变。已有研究或梳理了农村教师待遇的历史政策演变，或分析了教师工资待遇的社会变迁（袁桂林，2013；曲铁华、张立军，2012；柴江，2008；赵爽，2004；陈慧青，2011；朱新民，2008）。

20 世纪 90 年代初，我国农村义务教育的经费投入和管理主要是依靠乡镇和村，但由于乡镇间的经济发展水平差距较大，许多经济落后地区的乡镇教师工资常常得不到保障，出现了大面积的教师工资拖欠现象。自 2000 年 3 月《关于进行农村税费改革试点工作的通知》颁布后，教育费附加和教育集资全部取消，而这是乡村一级发展教育的主要经费来源，税费改革对农村教育发展产生了两方面的影响。一方面，税费改革在一定程度上保障了教师工资的投入。税费改革后，县级政府设立专门账户负责发放教师工资，过去乡镇工资发放不足的部分及教师新增的工资部分由县一级的财政通过转移支付来补齐，这样就减少了乡、村两级组织在教师工资发放中博弈的可能。另一方面，税费改革后导致了教育负债、部分地区不能按时足额发放工资、农村地区拖欠严重、违规收费等问题。例如，李军杰（2004）对河南省淇县、开封县调研后发现，税费改革前教师工资水平很低，部分地方教师工资甚至要从杂费中扣取。2001年中央出台提高农村中小学教师工资标准的政策后，上述地区不得不向银行贷款或私人借款来发放工资，产生了教育负债。魏向赤（2004）对全国5省16县的调查结果表明，在受访的县级财政人员中回答"本地区公办、民办及代课教师的工资都能按时足额发放"的占71%，表明仍有部分地区教师工资的足额发放得不到保障。有课题组对安徽省调研后发现，由于财力所限，安徽许多地区出现只兑现国家标准工资而难以兑现省和市的标准、津补贴及工资增量等问题。吕丽艳（2005）调研发现城乡教师工资发放存在差异，县直教师工资发放了12个月，农村大部分教师工资发放了10个月到11个月，个别乡镇只发放了9个月，农村教师工资发放拖欠问题严重。

为解决上述问题，学者们建议规范中央的转移支付力度，加大省级政府对农村义务教育的统筹与投入力度。建立与国家财税体制相适应的各级财政分级合理负担的农村义务教育投入新机制；建立健全法规，保障教育经费投入真正到位；建立农村义务教育教师工资保障机制；等等。

农村教师工资待遇的变化同我国教师工资制度的演变是分不开的。田正平（2008）对中华人民共和国成立以来我国教师工资制度改革历程进行了梳理，总结了四次关键的改革节点：①1956年建立了统一的货币工资制度，从而缩小了中小学教师工资的地区差异；②1985年执行了以职务工资为主要内容的结构工资制；③1993年实行了教师专业技术职务等级工资制；④2006年启动了教师岗位绩效工资制度。这几次重大的工资变革既有成功之处也有不少教训，对此田正平提出，按劳分配并不等于公平性，制度化是一个渐进过程，改革需要遵循教育规律，改革是一项系统工程。

陶圣琴（2010）在回顾和梳理了改革开放以来我国农村教师工资制度后发现，所有改革主要围绕两个方面进行：一是工资分配制度改革，二是工资保障制度改革。对此该学者给出了在对改革反思基础上的改进建议：一是处理好效率和公平，二是健全工资分担机制，三是建立健全监管和问责机制。

曲铁华和张立军（2012）对我国近30年来农村义务教育教师的工资政策进行了梳理，并将其划分为初始期、发展期、深化期和完善期四个阶段。他们在分阶段分析存在问题的基础上提出以下建议：一是由中央政府保障农村教师工资，二是建立工资发放保障机制，三是建立城乡一体化的教师社保机制，四是制定教师队伍质量提升的中长期规划。

陈慧青（2011）将我国各时期农村教师待遇政策分为地位提升、制度建立、制度完善三个时期，并指出围绕农村教师工资待遇的研究经历了国家政策倡导为主、研究者渐入和研究者关注三个阶段，研究的广度和深度不断得到增强。

教师行业相对其他行业的工资水平将影响教师行业的吸引力，并会对农村教师的供给产生重要影响。陈赟（2003）的研究发现，在20世纪90年代，教师行业的工资在社会各行业中一直处于10~13位，低于社会平均工资水平。杨建芳和王蓉（2008）基于全国28省83县的调研数据，对比教师与公务员的工资后发现，两者之间在基本工资上差距不大，但津补贴和总收入差距较大，且各省之间也有较大差距。杜育红（2013）通过1978—2011年的统计数据分析了我国教育行业工资的绝对水平、相对水平及其历史变动情况，研究发现改革开放以来教育行业绝对工资水平持续上升，且1993年以来增速逐渐加快，但是扣除物价水平以后教师工资的增长幅度较小，且教师工资水平在国民经济各行业中的排名靠后。在此基础上，姜金秋（2013）分析了1991—2011年我国中小学教师的工资水平，研究发现1991—2009年中小学教师与公务员的工资差距一直在扩大，直到2009年绩效工资改革以后才开始缩小；与国民经济其他行业相比，中小学教师行业的工资水平一直排在 19 个行业中的 9~16 位，处于中等偏下的位置。安雪慧（2014）运用中国劳动统计年鉴数据，研究了 2000—2012 年我国中小学教师工资水平变化及差异特征，发现自 2002 年之后，中小学教师工资一直处于缓慢上升的趋势，这表明我国中小学教师工资水平距离理想目标还有很大距离。

（2）农村教师工资现状与绩效工资改革相关研究。研究发现，目前我国农村教师薪酬存在水平相对偏低、差异依然较大、构成不够科学、分配不够合理等问题。同时，农村学校的绩效工资分配过于看重教师所带班级的学生成绩等（庞丽娟等，2010；容中逵，2014；赵宏斌等，2011；袁玲俊、毛亚庆，2014）。

曾晓东（2004）的研究没有将关注点放在教师的绩效工资水平上，而是放在了对教师绩效工资评价过程的梳理上，并由此提出了规范评价制度的相关建议；同时该学者基于理论详细区分了对教师的绩效评价和胜任力评价，并认为这两种评价虽然密切相关，但性质截然不同。

柴江（2008）分析了西北农村教师工资的变化，研究发现：农村教师工资水平有了明显的提高，代课教师数量显著减少，农村教师平时从事其他非教学活动明显减少。但仍存在的问题是：农村教师工资水平在增长之后仍然偏低，代课教师与现有教师同工不同酬。对此该学者建议：一是根据地方实际财力重新划分中央、地方承担机制，二是加强监督和简化农村教师工资发放程序，三是按照公办教师的工资标准给代课教师发放薪酬，四是发展地方经济。

容中逵（2014）在对浙江、河北、四川三省的调查后发现，当前农村教师薪酬存在额度相对偏低、差异较大、构成和分配不够科学合理等问题，这导致部分农村教师流失或者产生消极的思想和行为。对此该学者提出以下措施：一是确立中央和地方协同管理农村教师薪酬，二是核定农村教师工资基数标准及其发放保障承载主体，三是单独列支农村教师任教津贴并增加津贴的种类。

杨云兰（2009）从教育公平的视角对农村教师工资问题进行研究，发现在制度、人际和职业这三个层面存在不公平的现象（影响公平的因素是政策、收入和发展空间等），该学者分别就上述影响因素给出了相应的对策建议。

朱男（2011）针对目前农村教师所面临的问题，如收入低、工作条件差、工作压力大和专业发展受限等，基于马斯洛需要层次理论提出了激励农村教师的几点策略：提高教师工资待遇，满足其生活需要；改善办学条件，满足其心理需要；为教师的发展搭建平台，满足其自我实现需要。

薛海平和唐一鹏（2017）收集了2014—2016年我国东、中、西部5省6市（县）教育局提供的中小学教师工资原始发放数据、教师工资发放方案、公务员工资发放政策等，研究发现：多数样本县（市）中小学教师的平均工资比社会平均工资水平要低；与同级别的公务员相比，教师的平均工资更低。这表明我国义务教育阶段教师的工资水平至今未能达到法定要求，没有得到根本性改善。汪传艳和雷万鹏（2017）基于全国7省21个县123所学校的实证研究发现，我国农村教师收入水平呈现"中部塌陷"现象。教师工资水平低的客观现实必然影响这一职业的吸引力。

范先佐（2011）基于我国农村义务教育阶段教师工资的问卷调查发现，多数教师希望自己的工资能够和城里教师一样高，这反映了目前城乡教师工资待遇仍然差距较大。安雪慧（2014）的研究也表明，我国省际教师工资差距较大，发达地区教师平均工资显著高于欠发达地区，教师收入差异主要表现在津补贴和医疗等社会保障福利方面。

严凌燕（2018）在对中部某地区实证研究的基础上提出，绩效工资的制定要充分考虑教师所处的环境、遇到的问题与期待，应健全绩效工资的内容、方案、考核过程，提高绩效工资总量，优化绩效工资结构，共同营造扎根乡村、服务乡村、提高教学质量的绩效文化氛围[36]。

4. 农村教师队伍现状研究

在这一方面，国内的相关研究主要围绕教师特设岗位计划（以下简称

"教师特岗计划"）政策的实施，以及农村教师队伍现状、问题及对策研究这两大主题展开。

（1）教师特岗计划的政策研究。研究者们对教师特岗计划这一政策的有效性、政策落实中存在的问题以及农村教师的招聘等提出了相应的建议（郑新蓉等，2012；杜亮，2014；安雪慧、丁维莉，2014；袁桂林，2009）。

安雪慧和丁维莉（2014）研究认为，教师特岗计划可以有效解决农村中小学教师队伍存在的结构性短缺问题，提升农村教师队伍质量。教师特岗计划的提出是一种教师招聘管理制度的创新，可以更好地获得优秀的教师后备力量。针对现有政策存在的问题，作者进一步提出建议：鼓励各地区更多地招聘特岗教师来取代代课教师，完善特岗教师的专业发展，进一步落实特岗教师的工资待遇与社保，在学龄人口动态变化较大的城镇地区尝试推动教师储备库制度。

李庆（2011）的研究以安徽省临泉县为例，采用问卷调查和文献研究等方法，分析了特岗教师对农村义务教育师资队伍的影响。研究发现，绝大部分高校毕业生认同教师特岗计划这一政策，多数毕业生选择成为特岗教师的原因是当前就业压力大，而特岗教师工作待遇稳定。但从工作后的满意度来看，62.6%的特岗教师对当前的生活状态表示不满意或非常不满意，包括身体处于亚健康状态、以血缘和地缘为主要交往方式等。

罗佳和成云（2010）的研究表明，部分特岗教师因环境不适应而产生心理问题，且入职后缺少后期的跟踪管理与专业成长指导，造成很多特岗教师服务期满就离开等问题。建议加强对特岗教师的人文关怀，提高特岗教师的工资标准，为特岗教师提供后期的专业指导，等等。

樊万奎和吴支奎（2011）对安徽省 F 县 81 位特岗教师的调查、访谈发现，教师特岗计划为农村教师队伍注入了新的活力，在一定程度上缓解了师资短缺，但在特岗教师质量、工资、生活、岗位匹配等方面仍然存在一些问题。建议通过规范准入制度、完善激励与优惠政策等途径加以完善和解决。

（2）农村教师队伍建设的政策研究。围绕这一主题，研究者重点从农村教师的年龄结构、职称结构和学科结构等方面分析了教师队伍的结构性短缺问题，以及农村教师队伍的专业发展研究（庞丽娟、韩小雨，2006；杜育红，2013；郑新蓉、武晓伟，2014；邓涛、孔凡琴，2007）。

庞丽娟和韩小雨（2006）的研究认为，我国农村义务教育教师存在的主要问题在于东、中、西部地区之间、城乡之间出现失衡，农村教师缺少编制，代课教师素质无法保障，教师队伍老龄化严重等；主要原因在于相关政策和制度保障不足以及专业成长支持不足，教师工资、经费与培训费等缺乏保障。建议修改《教师法》以明确教师、公务员的法律地位，提高农村教师的工资待遇，构建乡村教师专业发展体系。

姚宏昌（2007）、张道祥（2008）、王泽德和赵上帛（2011）、肖正德（2012）的研究也都指出，农村教师不仅年龄结构不合理，老龄化严重，而且学科结构也不合理，教师流失严重，难以达到国家的标准和要求，加之其教育教学观念较为落后，需要加强专业化培训。

王德学和封立俊（2008）基于山东省淄博市的专题调研，得出农村中小学教师队伍建设中存在的问题：退养制度落实不到位；农村教师业务素质不高，综合能力较差；培训基地建设滞后，培训队伍素质不高。为此建议：推进教育均衡发展，促进教育公平；改进评价制度；完善在职教师的培训机制；关注农村教师，实现农村教师的专业化发展。

樊彩霞（2004）认为西部农村教师队伍呈明显的不稳定状态，其主要表现为教师纷纷申请调离教师岗位，向城镇涌动。造成这种状况的原因主要有：农村地区生存环境艰苦，教师工作条件差；教师工资收入较低；教改带来的教师工作压力大；城乡之间的显著差异；等等。针对这些问题的对策包括：实施"教育优先区"策略，建立农村教师特殊津贴制度，延长带薪休假，加强培训以提高教师水平等，从而较快地加强西部教师队伍建设。

柴江（2009）对山西省和甘肃省的农村教师进行了抽样调查。调查显示：中西部农村地区均有一定数量的非公办教师，同时教师队伍存在老龄化问题；教师培训的参与度较高但时间较短，教师教研活动参与率较高但频率较低；教师的整体工资水平低，且仍有教师工资拖欠的情况发生；等等。针对上述问题，提出以下对策：建立弹性清退政策，推进农村教师队伍的年轻化；强化农村教师的职后培训，建立教师学习提高的长效机制；建立健全劳动保障体系；等等。

5. 农村教师流失研究

（1）描述分析各地区农村教师流失现状的调查研究。这方面的多数研究发现，各地区流失的教师以中青年骨干教师为主，包括学校的中层领导和优秀教师（张和平，2005；于兰兰、吴志华，2011；徐超，2009；吴瑕，2013）。吴瑕（2013）对农村小学教师的工资待遇现状和期望，以及他们对工资以外其他待遇的满意程度等进行了调查分析，从而得出影响教师流失的主要因素；通过对师范院校大学生去农村任教意愿的调查，得出影响师范生去农村执教的主要因素。该学者采用的研究方法是问卷调查法，其调查问卷来源于农村教育研究所。在职教师样本数据主要来自对浙江、山东等9个省份10个县区77所小学教师的调查反馈；师范院校大学生的样本数据主要来自对重庆市和吉林省共8所师范院校在校大学生的调查。在对上述两类调查对象进行综合分析后，该学者提出了相关政策建议：根据区域特征和教师身份确认津贴补贴发放标准；加大政府教育经费的投入，建立中央和地方政府合理的财政分担机制；改善农村教师待遇；建立健全配套的农村教师培养、聘任和绩效考核机制。

张和平（2005）调查了我国中部地区J县的农村教师流失问题，发现教师流失产生的不良后果主要包括：影响教学质量的提高，影响学校的声誉，影响教师队伍的稳定等。教师流失的主要原因包括：因高薪诱惑而外流，因考研而流失，因职业压力大而转行，弃教从商，因不堪忍受较差条件而流失等。解决教师流失的几点建议包括：改革现行的农村教育办学体制，柔性引进教师；拓宽用人渠道，建立合理的教师交流机制（如轮岗制）；加强教师教育培训；改革教师评价机制；改革学校的用人制度和分配制度；改善办学条件，提高教师待遇；等等。

常宝宁和吕国光（2006）以普莱士-穆勒（Price-Mueller）模型作为问卷编制的理论基础，以甘肃省为个案，采取了整群随机抽样的方法，分别选择了甘肃省的20个县，对西北贫困地区中小学教师流失意向进行了调查。研究发现，影响教师流失意向的外部因素包括教师的物质待遇和学校环境因素等，其中学校的环境因素包括：学校管理、教学环境、工作压力、教师培训等。同时，影响教师流失意向的内部因素包括教师个体的基本特征和教师的职业情感等。

于兰兰和吴志华（2011）在对辽宁省两县农村教师进行调研后发现，环境支持、物质保障和发展机遇这三个方面是影响农村义务教育教师流失的主要原因。在此基础上，这两位学者提出的建议是：建立农村教师生活保障与补偿机制，形成城乡教师双向流动的良性机制，适时为农村教师提供相应的职业培训和继续教育等。

马莉莉（2007）选择我国中部地区的河南省（具体为开封市尉氏县的乡镇）为研究个案，从经济、个人与子女发展、管理、心理等几个方面探寻中西部农村中小学教师流失的原因并提出解决方案。研究发现，该地区的教师流失情况每年都有增长，35岁以下教师的流失情况最为严重，其中男性教师主要流向教育系统之外，女性教师则主要在教育系统内部流动。学者提出的解决方案包括：提高农村中小学教师的福利待遇，优化从教环境，建立灵活的招聘制度、合理的考核制度和制定合理的教师进修标准。

谭有模（2009）研究了广西农村小学教师的流失问题。该学者采用社会流动理论、推拉理论、社会资本理论、理性选择理论、社会分层理论等，调查了广西三江县良口乡等四个乡镇的农村小学。研究发现存在的主要问题包括：年轻教师补充不足，出现断层现象；教师专业化水平偏低，整体素质有待提高；教师的工作条件与生活条件较为艰苦，许多教师边耕种边教学；许多教学点教师岗位缺编的情况比较严重，部分教师有强烈的辞职或调离想法；职业认同度不高；部分教师缺乏工作责任心，甚至雇人代课；等等。农村小学教师流失所产生的后果包括：扰乱了学校的正常教学，造成农村小学教师整体素质下降，加剧了教师队伍的不稳定，加大了校际差距。建议：继续加大农村教育的资金投入，改善农村小学的办学条件。

（2）对农村教师流失的理论分析与政策建议。研究者从经济学和心理学等视角分析教师流失背后的原因，并给出了相应的建议（蔡永红等，2014；王国明，2014；柴江，2010）。

陈言贵（2003）认为，农村中小学骨干教师流失的外因是社会功利价值观的影响，内因是教师个体价值观的失衡。

孙钰华和马俊军（2007）从职业锚八种类型（管理能力、技术职能、自由自主、安全稳定、生活、服务奉献、挑战和创造）的角度考察了农村教师的流失问题，对上述八种职业锚型与农村教师流失问题的关系进行了分析，并提出以下建议：建立多重职业生涯发展阶梯，减少农村教师流失；善待对农村学校发展起关键作用的优秀教师，以他们的职业发展为重；鼓励农村教师设计符合农村环境的职业生涯规划。

柴江（2010）将教师流失分为教育系统外流失和教育系统内流失。其中，系统外流失主要指新教师补充难，如师范毕业生"瞧不上"农村学校，教育行政部门无视农村学校的实际需求，教师编制管理混乱等。教育系统内部流动主要表现为农村教师申请流向城市地区，以及行政部门的强制要求等。对此该学者提出了以下对策：师范类院校招收农村地区定向、订单式学生，农村学校教师的分配要尊重学校需求，建立不同于城市的农村教师退休制度，改善福利待遇，防止农村教师流失，一定区域内建立农村教师流动与轮换机制。

彭波（2011）认为，单向、非良性流动成为农村教师流动问题的主要表征，其问题之源是制度缺失、待遇差距以及社会价值观念多元化等。从国际经验来看，教师工资主要由高层级政府承担，各级政府事权与财权明晰，通过立法确保教育财政的转移支付，并加强教师向偏远地区流动的保障措施。该学者提出解决我国农村教师流动问题的路径选择包括：明确各级政府在保障教师工资方面的权责，构建合理的教师流动机制，营造良好的教师流动的制度环境，等等。

此外，学者史亚娟（2014）[31]指出，教师从农村流向城镇学校，从薄弱学校流向优质学校，这种单项的流动会严重影响义务教育的城乡之间以及校际的均衡性。

（三）已有研究述评

综上，从研究方向上看，国际上侧重于分析工资政策与教师队伍建设间的关系，包括工资的提高等相关政策是否对教师的吸引、保留、流失等产生影响；国内的研究则多是将农村教师工资和农村教师短缺问题分为两个主题加以研究，而较少对工资政策与教师队伍建设间关系进行深入研究，尤其缺少针对乡村教师生活补助、高校毕业生学费补偿等新的经济激励策略对教师吸引与保留影响的效果评价。从研究方法上看，国际上多采用定量研究方法，如回归分析法、断点回归法、倍差法等，国内研究则多采用案例分析法、调查问卷法等。

如何构建适合我国农村中小学教师的工资制度仍是需要进一步讨论的问题。例如，目前关于农村教师工资问题往往仅在已有制度框架内进行讨论，如何针对农村教师特点以及农村教学的小班化、寄宿制等特征来设计农村中小学教师的工资体制，则有待进一步研究。值得注意的是，有关教师工资制度改革的研究仍然较少。工资制度作为一种激励机制，需要在改革中检验效果。理想的改革是在部分地区进行试点，选取试验组和对照组，比较改革前后试验组和对照组的差异，进而科学评价工资制度的激励效果。与国外研究相比，国内此类动态的工资改革试验研究仍然较少。总之，如何吸引优秀人才进入教师行业？如何保留优秀教师？如何激励教师长期从教？如何构建与高质量教师队伍建设相适应的教师工资制度？这些仍是教师工资研究领域需要持续关注的核心议题。

因此，本书基于劳动经济学补偿性工资差别理论来分析经济激励对教师三类供给的影响；基于调查数据构建计量经济学模型，以实证检验《乡村教师支持计划》中涉及的四项主要经济激励政策及其对教师供给的影响；在此基础上，从教师吸引、教师保留和教师激励三个方面对乡村教师经济激励政策的进一步完善提出相关建议。

四、研究目标与价值

（一）研究目标

（1）目标一：运用补偿性工资差别理论，分析经济激励政策、工作条件与三类乡村教师供给之间的理论关系。

（2）目标二：基于调查工作，实证分析《乡村教师支持计划》中的经济激励政策对师范生乡村从教意愿的影响。

（3）目标三：基于教师调查数据，实证检验乡村教师经济激励政策对乡村在职教师留任意愿的影响。

（4）目标四：提出吸引与保留乡村教师的有效经济激励对策。

（二）研究价值

（1）理论价值。本书将劳动经济学中的补偿性工资差别理论运用于乡村教师劳动力市场中，分析经济激励政策对乡村教师供给影响的理论机制，从而丰富了对乡村教师劳动力市场的理论研究。

（2）应用价值。本书在问卷调查和访谈的基础上，描述分析乡村教师生活补助政策在连片贫困地区的实际落实情况及问题，并通过实证研究检验该政策对农村教师劳动力长短期供给所产生的影响，从而为国家进一步制定和完善农村地区教师津补贴政策提供决策参考。具体而言，本书通过对师范学校毕业生和乡村在职教师群体的问卷调查和访谈，监测《乡村教师支持计划》中经济激励措施的实施情况，并实证检验该经济激励政策对农村教师劳动力长短期供给所产生的影响。

五、技术路线与方法

本书采用"文献研究→理论分析→开展调查→实证分析→结论建议"的研究思路。

首先，在文献研究部分综述国内外相关研究现状。其次，运用补偿性工资差别理论对教师供给影响因素进行理论分析。再次，设计调研方案开展大规模调查，并对回收的数据和调研搜集资料进行分析和整理，构建模型进行实证检验。最后，根据前面的理论分析和实证结果，提出相应的政策建议。

具体如图 1.1 所示。

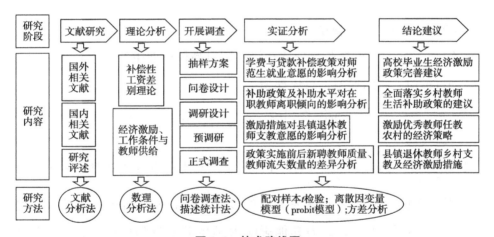

图 1.1 技术路线图

具体采用的研究方法包括以下几类。

（一）文献研究与数理分析法

本书在对国内外相关文献的搜集整理与分析的过程中主要采用文献研究法。在对乡村教师劳动力市场进行补偿性工资差别理论分析时，则主要采用数理分析法，以分析教师效用最大化下的供给行为选择。

（二）调查法与访谈

调查法是本书采用的核心研究方法，即本书重点回答的三个子问题（经济激励政策对师范生乡村从教意愿的影响、经济激励政策对乡村教师留任意愿的影响、如何留住乡村教师）都需要采用调查法来完成，具体包括抽样方案设计、问卷结构与内容设计、调研方案设计、小规模预调研、正式调研与访谈等。

（三）描述统计

本书对乡村教师生活补助落实情况的分析、补助水平与差异等基本问题以及数据的描述采用的都是描述统计分析，此外关于乡村教师生活补助政策对师范生乡村就业选择影响的分析结果也采用统计图表的方式直观呈现。

（四）离散因变量模型

（1）本书在分析学费与贷款补偿政策对高校毕业生职业选择影响时采用二元 Logistic 回归模型，具体模型如下：

$$\ln\left(\frac{p_i}{1-p_i}\right) = \alpha + \beta_1 x_1 + \cdots \beta_k x_k \tag{1.1}$$

式中 $\frac{p_i}{1-p_i}$ 即第 i 个师范生选择到乡村任教发生概率与不选择去乡村任教发生概率之比，统计学上称为事件的发生比。x_1 为是否申请国家助学贷款，x_2 为学费金额，$x_{3\ldots}x_k$ 为其他影响大学生职业选择的因素，如学籍省份、农村经济发展水平等因素。该模型中 $Exp(\beta)$ 表示自变量每变化 1 个单位，引起因变量变化的幅度，如果 $Exp(\beta)$ 大于 1，意味着随着自变量的增加，师范生选择去乡村任教的概率增加，反之则概率减小。

（2）在分析补助政策是否实施（包括补助水平）对教师离职倾向的影响时采用二元离散因变量 Probit 模型，具体如下：

$$Prob(y = 1 \mid x_1, \cdots x_k) = prob(y^* \mid x_1, \cdots x_k) = \Phi(\beta_0 + \beta_1 x_1 + \cdots \beta_k x_k) \tag{1.2}$$

其中 y 为教师的离职倾向，取值 1 为考虑离职，0 为不打算离职。x_1 为是否落实生活补助政策，x_2 为补助的金额，x_3 到 x_k 分别表示影响教师离职的其他因素，包括教师个体特征、学校管理特征、教师工作负荷等。

（五）结构方程模型

在分析薪酬激励对教师离职倾向的影响时构建结构方程模型，探索保健因素和激励因素的中介作用。

六、本书结构与分章摘要

本书结构与分章摘要详见图1.2。

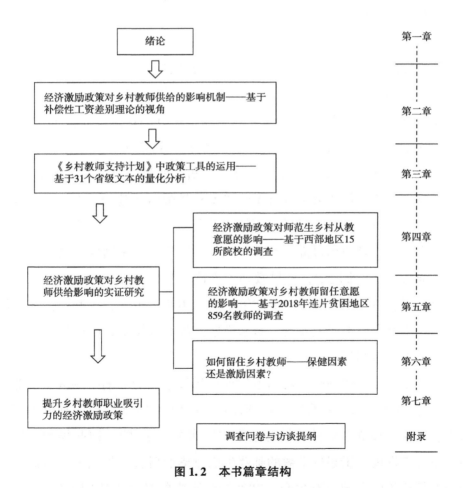

图1.2 本书篇章结构

第一章　绪论。主要介绍本书的研究问题、研究目标和价值、研究的技术路线和方法以及本书的篇章结构、每章的核心内容及结论。

第二章　经济激励政策对乡村教师供给的影响机制——基于补偿性工资差别理论的视角。这一章重点运用劳动经济学中的补偿性工资差别理论来分析工资政策、工作条件以及教师供给之间的作用和关系。补偿性工资差别理论由斯密（Smith）于1776年提出，斯密指出，"社会必须对那些令人不愉快的、学费高的、不安全的以及成功可能性低的职业支付较高的工资"。经过劳动经济学家发展和完善后的补偿性工资差别理论（享乐主义工资理论）是研究劳动者工资偏好和工作特征如何影响劳动力市场均衡的理论。本书运用该理论，分析了教师个体偏好与职业选择、教师工资与学校特征之间的关系、乡村教师劳动力市场供求关系以及地方政府的教师激励政策选择等。

第三章　《乡村教师支持计划》中政策工具的运用——基于31个省级政策文本的量化分析。本章对我国31个省（自治区、直辖市）的《乡村教师支持计划》政策文本进行了计量分析，通过工具分类、文本编码、频数统计等方法，从政策工具（X）和乡村教师队伍建设（Y）两个维度对地方政府的政策落实情况进行了深入分析。研究发现：X维度中，地方政府的命令型工具使用过溢，劝告型工具使用不足，激励性工具运用中的省际差异较大；Y维度中，乡村教师工资待遇和教师补充方面的政策工具多样且各具特色，但其他主题的政策工具运用相对单一，且配套措施不够完善。本书结合以上研究发现，对未来地方政府政策工具的选择与运用做了进一步的分析和讨论。

第四章　经济激励政策对师范生乡村从教意愿的影响——基于西部地区15所院校的调查。本章基于西部连片贫困地区15所院校的师范生调查数据，构建了师范生乡村从教意愿影响因素的Logit阶层回归模型。研究有以下几点发现：①超过半数的师范生愿意毕业后去乡村从教，但愿意在乡村留任三年以上的只有少数。②经济激励中的月收入期望值底线越低，师范生的乡村从教意愿越高，但该变量对师范生的长期从教意愿影响并不显著，对艺体类师范生乡村从教意愿的影响也不显著。③师范生期望的月工资底线每下降 1 000 元，其乡村从教意愿将提高 9.2%。这表明补偿性工资差别理论提出的研究假设在师范生总体中是成立的，即师范生对未来收入的期望越高，心理补偿价位越高，就越不愿意去乡村任教。④学费补偿和贷款代偿政策对师范生从教意愿与长期从教意愿均有显著正向影响，是否获得助学贷款对艺体类师范生从教意愿的影响也比较显著。⑤乡村教师生活补助政策对师范生（包括艺体类师范生）的乡村从教意愿均有显著的正向影响，但对其长期从教意愿的影响则并不显著。⑥《乡村教师支持计划》政策对师范生（包括艺体类师范生）的从教意愿有显著的正向影响，且该政策对师范生总体的长期从教意愿也有显著的正向影响。这说明，国家制定的向西部地区乡村倾斜的政策具有一定的作用，这些政策起到了鼓励师范生乡村任教的效果，使师范生赴乡村从教的意愿显著提高。

第五章　经济激励政策对乡村教师留任意愿的影响研究——基于连片贫困地区 859 名教师的调查。第五章对三个连片贫困地区的典型县进行了实地考察，对当地县教育局负责人、学校校长、教师等进行了访谈，并向 1 000 名乡村教师发放了问卷调查，其中有效回收 859 份。经采用有序 Probit 模型来估计经济激励对乡村教师留任意愿的影响后，得出以下结论：①乡村教师获得的生活补助水平高低对其留任意愿的影响并不显著，可能原因是调研县的教师获得的生活补助水平普遍较低。②乡村教师生活补助满意度越高，其留任意愿越强烈。③乡村教师对生活补助政策的认同度越高，留任意愿越强。这表明如果教师对本地区乡村教师生活补助政策的划分标准、依据、实施对象等越认同，其留在乡村工作的意愿越强。④那些在偏远乡村学校工作的年轻、未婚、高职称教师的乡村留任意愿更低。

第六章　如何留住乡村教师——保健因素还是激励因素？第六章专门探讨了薪酬激励对乡村教师离职倾向的影响，引入了全面薪酬的概念，将薪酬划分为内在薪酬和外在薪酬两种。外在薪酬为教师所获得的货币性补贴，内在薪酬为教师所获得的非货币性补贴，如人际关系、制度环境等。同时，第六章依据赫茨伯格（Herzberg）的双因素理论，将教师经济补贴的满意度设为保健中介因素，教师任教的成就感设为激励中介因素。在此基础上利用结构方程模型（SEM）进行实证研究并得出具体结论：货币性的经济补贴增加和非货币性的制度环境改善都会显著地降低教师的离职意愿，并且后者发挥的作用更大。因此，若想显著降低我国乡村教师的离职率，关注偏远地区中小学校的管理与制度建设，会比仅仅提高教师的经济生活补贴发挥更强的作用。

第七章　政策建议。基于前几章的理论分析、政策分析与实证研究的结论，第七章在参考国外乡村教师激励政策实践的基础上，从三个方面为我国高质量的乡村教师队伍建设提出以下本土化建议：一是制定吸引优秀师范生赴乡村从教的经济激励政策，包括为去乡村工作的学生提供奖学金、贷款或减免学费等；重点提高艺体类师范生的奖励标准；提高乡村教师的起薪和待遇，增强乡村教师薪酬的外部竞争力；加强各项经济激励政策的宣传力度，并定期进行政策评估与调整等。二是制定留住优秀乡村教师的经济激励政策，包括中央大"综合奖补"力度，鼓励"以省为主"，运用激励工具；给偏远乡村学校教师发放额外的奖金和津贴，设立长期乡村从教奖；为乡村教师提供"全覆盖"的交通补贴，并重点向偏远交通不便地区倾斜；津补贴标准的制定要因地制宜，充分听取教师的意见。三是对乡村教师工资体系（包括工资体系设计的前提、原则、目标、工资构成、工资发放与经费保障等）进行再设计。

参考文献

［1］DESSOFF A. Persuading teachers to go rural ［J］. District Administration, 2010(7):58.

［2］HALL B W, PEARSON L C, CARROLL D. Teachers' long-range teaching plans: discriminant analysis ［J］. The Journal of Educational Research, 1992, 85(4):221-225.

［3］MANSKI C F. Academic ability, earnings, and the decision to become a teacher:

evidence from the national longitudinal study of the high school class of 1972. d. a. wise (ed.) , Public Sector Payrolls. Chicago,IL: University of Chicago Press,1985.

［4］HOXBY C M, LEIGH A. Pull away or push out? explaining the decline in teacher aptitude in the united states［J］. American Economic Review,2004,94(2):236-240.

［5］MWENDA D B, MGOMEZULU V Y. Impact of monetary incentives on teacher retentionin and attraction to rural primary schools: Case of the rural allowance in Salima District of Malawi［J］. African Educational Research Journal ,2018,6(3):120-129.

［6］REED D, BUSBY D W. Teacher incentives in rural schools［J］. Research in Rural Education,1985,3(2):69-73.

［7］CHAPMAN D W, HUTCHESON S M. Attrition from teaching careers: a discriminant analysis ［J］. American Educational Research Journal,1982,19(1),93-105.

［8］GRISSMER D W. ,KIRBY S N. Patterns of attrition among Indiana teachers: 1965—1987 (r-4076-le)［M］. Santa Monica,1992,CA: RAND.

［9］HANUSHEK E A,KAIN J F,RIVKIN S G. Do higher salaries buy better teachers? ［J］. National Bureau of Economics Research,1999:57.

［10］HANUSHEK E A,KAIN J F,RIVKIN S G. Why public schools lose teachers ［J］.The Journal of Human Resources,2004,39(2),326-354.

［11］HANUSHEK E A,PACE R R. Who chooses to teach (and why)? ［J］. Economics of Education Review,1995,14(2),101-117.

［12］LANKFORD H, LOEB S, WYCKOFF J. Teacher sorting and the plight of urban schools: a descriptive analysis ［J］. Educational Evaluation and Policy Analysis,2002,24(1): 37-62.

［13］SHIN H S. Estimating future teacher supply: any policy implications for educational reform? ［J］. International Journal of Educational Reform,1995(4).

［14］GALCHUS K E. An analysis of the factors affecting the supply and demand for teacher quality［J］. Journal of Economics and Finance,1994,18(2),165-178.

［15］MCDONNELL L M. . Assessment policy as persuasion and regulation ［J］. American Journal of Education,1994,102(4):394-420.

［16］HOUNSHELL P B,GRIFFIN S S. Science teachers who left: a survey report［J］.Science Education,1989,73(4),433-443.

［17］DOLTON P,TREMAYNE A,CHUNG T P. The economic cycle and teacher supply［R］. OECD working paper,2003.

［18］DOLTON P,KLAAUW W H V. Leaving teaching in the uk: a duration analysis［J］.The Economic Journal,1995,105(3):431-444.

［19］MCEWAN P J.Recruitment of rural teachers in developing countries: an economic analysis［J］Teaching and Teacher Education,1999,15(8):849-859.

［20］INGERSOLL R M, ALSALAM N, QUINN P, et al. Teacher professionalization and teacher commitment: a multilevel analysis（NCES 97-069）［M］. Washington, DC: National Center for Education Statistics,1997.

［21］LOEB S, PAGE M E. Examining the link between teacher wages and student outcomes: the importance of alternative labor market opportunities and non-pecuniary variation［J］. The Review of Economics and Statistics,2000,82(3),393-408.

［22］JOHNSON S M, BIRKELAND S E. Pursuing a "sense of success": new teacher explain their career decisions［J］. American Educational Research Association,2003,40(3), 581-617.

［23］CORCORAN S, EVANS W N, SCHWAB R M. Women, the labor market, and the declining relative quality of teachers［J］. Journal of Policy Analysis and Management,2004,23(3), 449-470.

［24］PUGATCH T, SCHROEDER E. Incentives for teacher relocation: evidence from the gambian hardship allowance［J］. Economics of Education Review,2014,(6):120.

［25］STINEBRICKNER T R. An empirica investigation of teacher attrition［J］.Economics of Education Review,1998,17(2),127-136.

［26］STINEBRICKNER T R. A dynamic model of teacher labor supply［J］. Journal of Labor Economics,2001a,19(1),196-230.

［27］STINEBRICKNER T R. Compensation policies and teacher decisions［J］. International Economic Review,2001b,42(3),751-779.

［28］ALLRED W E,SMITH R B. Proile of Utah teachers leaving the teaching profession［J］. Rural Educator. 1984,5(3):2-5.

［29］范先佐. 乡村教育发展的根本问题[J]. 华中师范大学学报(人文社会科学版),2015,(9):146-154.

[30]黄坤明.城乡一体化路径演进研究:民本自发与政府自觉[M].北京:科学出版社,2009:25.

[31]史亚娟.中小学教师流动存在的问题及其改进对策——基于教师管理制度的视角[J].教育研究,2014,35(9):90-95.

[32]王爽,刘善槐.乡村教师生活补助政策评估与优化:基于东中西部8省8县的调查分析[J].华中师范大学学报(人文社会科学版),2019,58(4):178-184.

[33]王声平,贺静霞,关荆晶.新中国成立70年我国教师福利政策研究的回顾与展望:基于国家政策文本分析的视角[J].学术探索,2019(6):143-156.

[34]解光穆,谢波.乡村教师队伍支持政策精准落地讨论三题[J].教育发展研究,2017,37(10):8-13.

[35]杨东平.中国教育发展报告(2017)[M].北京:社会科学文献出版,2017.

[36]严凌燕.乡村教师绩效工资政策的激励作用和完善路径:以中部A省为例[J].基础教育,2018(10):46-54.

[37]钟景迅,刘任芳.乡村教师生活补助政策实施困境分析:来自A省欠发达地区县级教育局长的质性研究[J].教育发展研究,2018,38(2):48-54.

第二章
经济激励政策对乡村教师供给的影响机制

——基于补偿性工资差别理论的视角

2017 年颁布的《关于深化教育体制机制改革的意见》明确指出"要着力解决义务教育城乡发展不协调问题"。现实中，专业化教师队伍的结构性短缺始终是世界性难题[4]。那么，造成乡村高素质教师短缺的主要原因是什么？学校特征对教师个体择业有着怎样的影响？乡村教师的供给受哪些因素影响？乡村教师劳动力市场如何才能供求均衡？政府该制定怎样的经济激励政策来提高乡村教师的供给质量？对于这些问题，国内已有研究尚未能从理论角度予以充分回答。本章基于劳动经济学中的补偿性工资差别理论[3]（Theory of Compensating Wage Differential，以下简称"补偿工资理论"），先探讨了教师的个体偏好与行为选择，并在此基础上分析了乡村教师供求机制以及政府激励教师供给的政策选择。

一、补偿性工资差别理论概述

补偿性差异（compensation differentials）的概念最早由斯密于 1776 年提出，补偿工资理论是研究劳动者偏好和工作特征如何影响劳动力市场均衡的理论。在教师劳动力市场中，教师个体对于学校提供的工作条件的偏好是不同的，有的教师更加看重收入，有的则更加看重学校的办学条件与进修机会等，不同学校在地理环境和办学条件等方面也存在较大差异。偏好不同的教师与学校之间最后如何"配对"则是该理论阐述的核心内容。该理论的前提假设是：①教师追求效用最大化而不是收入最大化；②教师了解对他们非常重要的工作特征；③教师具有流动性，有一系列可供选择的工作机会。

那么该理论是否适用于乡村教师劳动力市场的供求分析呢？根据该理论的三个假设，首先，乡村教师在选择工作时并不是追求收入的最大化而是追求效用最大化，教师会综合考虑学校的办学条件、福利待遇、教学质量、交通条件等，综合多方面因素做出决策。其次，教师在选择工作地时会对学校的基本特征有所了解，这些信息也比较容易掌握。最后，教师的流动性体现在：一是师范生毕业时也可以选择进入非教师行业工作，二是工作后教师仍有机会调动到其他学校或是教育行业中的公务员岗位等。因此，可以运用该理论框架来分析乡村教师的供求问题。

二、教师个体偏好与工作选择

补偿工资理论认为，教师的效用由学校所提供的货币收入与工作特征两个方面共同决定。追求效用最大化的教师，其偏好可以用效用函数公式（2.1）表示：

$$U = u(W, C) \tag{2.1}$$

在公式（2.1）中，W 表示教师在其工作的学校所能获得的工资性收入、福利待遇、奖金、补贴等所有薪酬总和；C 表示学校的工作特征，如学校位置、办学条件等。

为简单起见，假设工作特征 C 的取值在［0，1］之间，取值越大，表明学校的工作条件越差（见图 2.1）。$C=0$ 表示工作条件相对较好的学校，如位于城市或县镇中办学条件理想的学校；$C=1$ 则表示西部贫困地区等办学条件差或交通不便的学校。图 2.1 中的无差异曲线表示教师选择在无差异曲线上接受不同的工资和工作条件组合所获得的效用是相同的，如 d 点和 a 点的效用是一致的，且 ab 段是该教师的心理保留价格 Z（reservation price），即

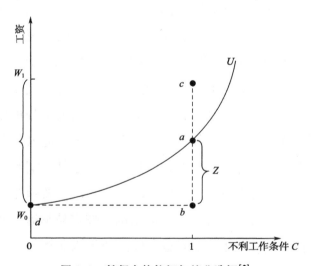

图 2.1　教师个体偏好与就业选择[2]

如果让该教师去原本不愿意去的工作条件差的学校，需要为其支付最低少为 Z 的额外收入。若工作特征差的学校实际工资为 W_1（c 点），定义 $\Delta W = W_1 - W_0$，表示教师在工作特征较差的学校工作时将获得的额外奖励，即补偿性工资。那么，教师个体将通过比较 ΔW 与自己偏好的 Z 值大小来选择工作。

当 $\Delta W > Z$ 时，表明贫困艰苦地区支付的工资超过了该教师所期待的额外补偿，则教师会选择去这样的地区任教；相反，若 $\Delta W < Z$，则教师将选择去非艰苦地区工作；假如 $\Delta W = Z$，则教师将随机做出选择。

三、经济激励与乡村教师供给

在学校工作特征与收入既定的条件下，每个教师都会根据 $\Delta W > Z$ 的条件进行选择。尽管教师面临相同的补偿工资 ΔW，但保留价格 Z 却因人而异，取决于不同个体对艰苦条件的厌恶程度、个人性格及家庭所在地等因素。

假定在求职教师群体中 Z 值的分布如图 2.2 所示。在特殊情况下，会有一小部分群体的保留工资位于 $Z = 0$ 的左侧，他们拿着微薄的薪酬，依靠自己的信念和情怀坚守在乡村讲台。但大部分教师群体的 Z 值位于 ΔW 的右侧，因补偿性工资低于自己的心理期望，最后他们会选择去工作条件好的学校任教，或是从原有条件差的学校流向条件好的学校。同时，只有小部分处在图中阴影区域的教师群体的 Z 值小于 ΔW，他们的心理保留价格较低，愿意到工作特征差的学校工作，通常这类教师多是本地人或是自身素质较低的教师。另外，从图 2.2 中还可以看出，ΔW 的增长将增加工作条件差的学校的教师供给。

四、教师的效用主义工资函数

如果学校能够决定教师的工资待遇，并能视劳动力市场情况不断调整补偿性工资 ΔW，那么理想的供求均衡就一定能够实现。以图 2.3 所示的

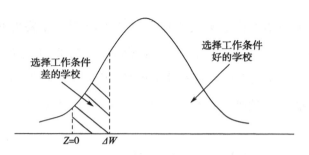

图 2.2　乡村学校教师的供给[2]

两个学校与教师之间的选择为例，教师 A 相对于教师 B 更加看重工作条件（无差异曲线更陡峭），学校 Y 在改善工作条件方面的成本要高于学校 X（等利润线更陡峭），因而选择为教师支付更高的工资。那么相互匹配的结果将是教师 A 和工作条件较好的学校 X 匹配，教师 B 和提供高工资的学校 Y 匹配，获得高收入 W_B。均衡时形成的教师工资与学校工作条件之间可以观察到的关系，被称为效用主义工资函数。

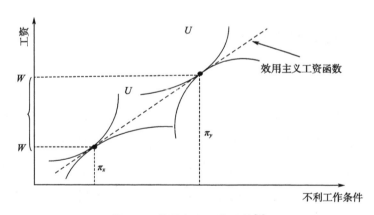

图 2.3　效用主义工资函数[1]

根据效用主义工资函数的特点，补偿性工资理论得出的结论是，假定教师的个人特征保持不变，那些在较差工作条件下工作的教师会比那些在较舒适工作条件下工作的教师获得更高的补偿性工资。

在我国教师劳动报酬由政府分配的现实下，假如政府能够根据不同农村学校的地理环境艰苦程度，按照市场经济的规律制定有差别性的教师工资政策或其他非货币优惠政策，那么上述理想的均衡是能够实现的。但如果政府没有进行适当的调节，则将造成工作条件较差学校的优秀教师短缺，只有因年龄较大或低素质而无法流动的教师会继续留下来任教。

五、乡村学校经济激励政策的选择

在我国"以县为主"的财政体制下，农村教师的激励政策主要依靠县级政府制定。那么，县级政府应如何吸引教师去艰苦地区、条件差的学校任教呢？以下两种政策都可以激励教师的供给，一是提高工作特征差的学校教师的相对工资 ΔW，二是努力改进工作条件差的学校的不利条件，如降低学校班级规模、生师比，完善学校的基础设施，增加教师培训机会等，改善学校所需的财政投入（记作 B）。由于西部农村学校多位于山区，学校间因距中心城镇远近不同所产生的交通运输成本也不同，这使得农村学校间的改造成本（B 值）差异较大。

在教育财政经费的预算约束下，政府该如何决策？补偿工资理论认为：

第一，对于改造成本较低的学校（$\Delta W > B$），县级政府应重点对学校进行办学条件的改造，加大投资力度，改善办学条件，努力缩小与其他学校的差距，从而吸引看重工作条件的教师。

第二，对于改造成本较高的学校（$\Delta W < B$），支付额外工资的成本相对较小，因此政府应制定相对较高的工资补贴政策来吸引偏好高收入的教师。建议县级政府应结合学校所处的地理位置、偏远程度、办学条件、工作负担等多方面不利因素对学校进行分类，对不同类别的农村学校教师给予相应的津补贴，并根据市场经济水平动态调整分类与津补贴标准。对于那些改造成本较高且长期师资短缺的学校，应增设一定数量的教师编制，并给予较高的岗位工资，给在此工作的教师以合理的经济补偿。此外，也可以制定一些非货币的优惠政策，如给偏远农村教师提供住房、缩短职称

评定时间、提供更多的培训与继续教育机会等来激励教师来农村地区任教。

参考文献

[1]ROSEN S. The theory of equalizing differences. Handbook of labor economics：Volume Ⅰ[Z]. 1968：645-647.

[2]伊兰伯格,史密斯. 现代劳动经济学：理论与公共政策[M]. 8 版. 刘昕,董克用,译. 北京：中国人民大学出版社,2007.

[3]鲍哈斯. 劳动经济学[M]. 3 版. 夏业良,译. 北京：中国人民大学出版社,2010.

[4]钟秉林. 教师队伍存在严重结构性失调. 人民网[N/OL]. [2023-04-15]. http://edu. people. com. cn/n/2014/0310/c367001-24593482. html,2014-03-10.

第三章 《乡村教师支持计划》中政策工具的运用

——基于 31 个省级政策文本的量化分析

党的十九大报告指出："实施乡村振兴战略，高度重视农村义务教育，努力让每个孩子都能享有公平而有质量的教育。"乡村的振兴离不开乡村教育的振兴，而乡村教育振兴的核心在于乡村教师队伍的建设。当前，我国有约 9 000 万乡村儿童、约 330 万乡村教师。受城乡经济二元体制和城镇化过程中乡土精英抽离的影响，我国乡村教师的职业吸引力不强，师资补充困难，导致乡村教师队伍发展的不平衡和不充分问题凸显。自党的十八大以来，国家出台了一系列中国特色的乡村教师支持政策，如特设岗位计划、国培计划、乡村教师补助政策等，特别是国务院《乡村教师支持计划》的出台，标志着我国基本形成了乡村教师支持的政策体系。然而，国家政策的执行需要不同层级地方政府的具体落实，因此政策的执行是一个复杂的动态过程，需要各级政府在实施中不断反馈和修正，从而使之不断趋向完善。

本章从政策工具的视角，以我国 31 个省（自治区、直辖市）的《乡村教师支持计划》政策文本为研究对象，深入分析省级政府对国家《乡村教师支持计划》政策的执行和落实情况，重点剖析地方政府的执行方案中对政策工具选择的倾向性，以及政策工具配置的具体特征和存在问题，以期为乡村教师支持政策体系的优化和完善提供有益借鉴。

一、政策工具视角下乡村教师激励政策的分析框架

"政策工具是公共部门或社会组织为解决某一社会问题或达成一定政策目标而采用的具体手段和方式的总称。"[8]"政策工具是实现政策目标的基本途径，政策工具的选择是政策成败的关键，政策执行的核心在于选择和设计有效的工具，政策执行过程实质上是一个政策工具选择和确定的过程。"[9]可见，地方政府在制定《乡村教师支持计划》落实方案的过程中，对政策工具分类与选择、优化与组合的运用至关重要。

关于政策工具的分类，各国学者给出了不同的划分依据和标准。荷兰经济学家科臣（Kirschen）[4]最早对政策工具进行归类，整理出了 64 种一

般化工具。澳大利亚学者休斯（Hughes）[7]根据政府干预的方式，将政策工具分为供应、补贴、生产和管制四类。加拿大公共政策学家豪利特和拉米什（Howlett and Ramesh）[6]依据政府权力直接介入的程度，将工具划分为自愿型、强制型和混合型工具三类。施耐德和英格拉姆（Schneider & Ingram, 1990）[1]从政府行为如何引导目标群体的行为方式，将政策工具分为权威型工具（authority）、激励型工具（incentives）、能力建设型工具（capacity-building）、象征和劝告型工具（symbolic and hortatory）以及学习型工具（learning）五类。

本章采用美国学者麦克唐纳和艾莫尔（McDonnell and Elmore）[2][3]于1987年提出并于1994年又补充完善的五种政策工具分类：命令型工具（mandates）、激励型工具（inducements）、能力建设型工具（capacity-building）及系统变革型工具（system-changing）、劝告型工具（persuasion）。

与其他分类方法相比，麦克唐纳和艾莫尔的政策工具分类是基于美国6个州教育改革的政策评估而提出的，其主要关注了为什么不同的政策制定者会采用不同的政策工具，这些工具在教育政策领域如何实施，在什么条件下不同的政策工具最有可能实现它们的目标效果，以及不同政策工具的使用前提、成本—效益分析、可能产生的政策效果等问题。这些问题与我国《乡村教师支持计划》的政策实施主体以及地方教育政策制定者所关注的理论问题有较强的一致性。此外，麦克唐纳和艾莫尔在研究中曾以如何对待美国教育系统中新进教师质量下降这一问题为例来说明如何对不同政策工具加以灵活运用，如政策制定者既可以强制要求教师应聘者通过资格能力测试（命令型）；也可由地方学区给新入职教师支付一定的额外工资（激励型）；或加强教师培训体系建设（能力建设）；或减少一些教师职业的入职认证以鼓励其他行业的优秀人才加入教育行业（系统变革）；等等[3]。这一案例从分析对象到解决问题的思路与《乡村教师支持计划》的政策思路不谋而合，即各地方政府出台的方案都是为了解决乡村优秀师资短缺这一现实问题，但却可能选择了不同的政策工具，并最终因此而产生差异化的政策效果。综上，本章采用麦克唐纳和艾莫尔的政策工具分类来分析我国地方政府实施《乡村教师支持计划》的具体方案，不仅具有理论上的适用性，而且具有现实上的可操作性。

（一）X维度：基本政策工具维度

命令型工具指"规范个人或机构的规则"[3]，包括对社会群体行为约束的政策表述和对没有遵守行为规范的群体实施的处罚。规则的具体形式有法令、行政管理规则、学校规则等。命令型工具具有强制性，适用于希望使某一团体行为一致的情形，其缺点是可能会产生利益冲突或矛盾积累。乡村教师队伍建设的命令型工具可包括"师德考评制度""禁占编制""保障待遇""提拔条件""补助标准""规定培训学时和比例"等。

激励型工具指"给予个体或机构货币以换取相应的行为"[3]，如补贴、拨款、财政转移支付、税收激励、优惠券、贷款等。激励型工具适用于鼓励差异行为模式的环境，其缺点是需要相应的财政资金支持以及激励标准难以确定等问题。乡村教师的吸引和保留可采用的激励型工具包括"生活补助""毕业生学费补偿""支教奖励""长期从教奖励""财政支持建设教师周转房"等。

能力建设型工具指"政府将经费投资于物质、智力和人力资源"[3]，以期提升目标群体未来的能力价值，如政府专项拨款用于课程体系的开发、国家教师培训项目等。能力建设型工具适用于学校和教师因缺少能力而无法实现政府的政策预期的情形，其缺点是投资及管理成本高，短期收益不明显。乡村教师能力建设型工具具体包括"师德培训""导师团队""送教下乡""教研培训""双语培训""教研训整合"等。

系统变革型工具是"通过改革来转移个人和机构之间的权力，以改变公共产品和公共服务的制度"[3]。系统变革型工具强调的是整个系统内部和外部的体制机制的变革，适用于需要变革但缺乏动力的情形，其缺点是变革效果难以预测，变革风险高。乡村教师队伍建设的系统变革型工具可包括"县管校聘等聘任制改革""本土培养一专多能的师范生""编制调剂改革""政府购买服务"等制度变革。

劝告型工具指"给出一种信号，即政府优先考虑某些目标和行动"[2]。劝告型工具主要运用书面的、图解的文本等方式传递信息，呼吁或倡导某种观念或行为，适用于目标群体可能依据信息做出反应的情形，其优点是容易建立和实施且成本低，缺点是效力相对较弱，常常需要配合其他工具使用。鼓励优秀人才乡村从教的劝告型工具可包括"给乡村教师颁发荣誉""师德引导""支教鼓励""树立正面典型""媒体宣传"等。

（二）Y 维度：乡村教师队伍建设维度

《乡村教师支持计划》的政策目标是使优质教师补充渠道得以扩充，教师资源配置得以改善，教学水平明显提升，乡村教师职业吸引力明显增强，逐步形成"下得去、留得住、教得好"的局面。

围绕上述目标，结合《乡村教师支持计划》的八大举措，本书将 Y 维度分为乡村教师队伍建设的八个方面：师德建设、师资补充、工资待遇、教师编制、职称评聘、城乡流动、能力素质、荣誉制度。其中，师德建设指建立乡村教师的政治学习制度，以不断提高教师的理论素养和思想政治素质。师资补充指鼓励地方政府统筹规划，通过特岗教师、乡村教师本土化培养、鼓励支教讲学等措施拓展补充渠道。工资待遇指保障落实工资政策、保障教师的生活条件。教师编制是指通过统一城乡标准、调剂编制等方式确保教师人数满足国家规定课程的需要。职称评聘指对乡村教师在职称评聘上实行特殊支持。城乡流动指推进城镇优秀教师向乡村学校的流动。能力素质指保障乡村教师培训的经费投入和培训的质量。荣誉制度指通过对长期在乡村地区从教的教师予以表彰，进而在全社会形成尊师重教的良好氛围。

（三）二维分析框架图的构建

基于以上分析，本书构建了二维分析框架（见图 3.1）。

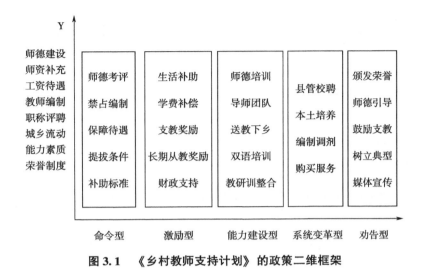

图 3.1 《乡村教师支持计划》的政策二维框架

二、《乡村教师支持计划》的政策工具分析

（一）样本选择与文本编码

本章以我国31个省（自治区、直辖市）政府贯彻落实国务院《乡村教师支持计划》所颁布的通知或实施办法[10]（以下统称为"地方政策文本"）为分析对象。由于每份文本中政策主题的出现顺序不同，且综合运用多种政策工具的情况较多，因此，本书统一以《乡村教师支持计划》文本中出现的主题顺序为依据，按照"政策主题—政策工具类型"的编码形式进行编码，最终形成政策文本内容的分析编码表（见表3.1、表3.2）。

表 3.1 各省级地区《乡村教师支持计划》政策具体信息

省份	出台时间	文件名称	发文机构
湖北	2015年9月2日	《关于加强全省乡村教师队伍建设实施办法》（鄂政办发〔2015〕68号）	湖北省人民政府办公厅
贵州	2015年9月16日	《贵州省乡村教师支持计划实施办法（2015—2020年）》（黔府办函〔2015〕152号）	贵州省人民政府办公厅

续表

省份	出台时间	文件名称	发文机构
重庆	2015 年 9 月 18 日	《重庆市人民政府办公厅关于贯彻落实乡村教师支持计划（2015—2020 年）的通知》（渝府办发〔2015〕148 号）	重庆市人民政府办公厅
辽宁	2015 年 10 月 19 日	《辽宁省乡村教师支持计划实施方案（2015—2020 年）》（辽政办发〔2015〕82 号）	辽宁省人民政府办公厅
甘肃	2015 年 10 月 27 日	《甘肃省〈乡村教师支持计划（2015—2020 年）〉实施办法》（甘政办发〔2015〕152 号）	甘肃省人民政府办公厅
河北	2015 年 10 月 29 日	《河北省乡村教师支持计划（2015—2020 年）实施办法》（冀政办发〔2015〕30 号）	河北省人民政府办公厅
安徽	2015 年 11 月 18 日	《安徽省乡村教师支持计划实施办法（2015—2020 年）》（皖政办〔2015〕62 号）	安徽省人民政府办公厅
海南	2015 年 12 月 8 日	《海南省乡村教师支持计划（2015—2020 年）》（琼府办〔2015〕235 号）	海南省人民政府办公厅
上海	2015 年 12 月 11 日	《上海市乡村教师支持计划（2015—2020 年）实施办法》（沪府办〔2015〕80 号）	上海市人民政府办公厅
黑龙江	2015 年 12 月 16 日	《黑龙江省乡村教师支持计划（2015—2020 年）实施办法》（黑政办发〔2015〕81 号）	黑龙江省人民政府办公厅
江苏	2015 年 12 月 18 日	《江苏省乡村教师支持计划实施办法（2015—2020 年）》（苏政办发〔2015〕134 号）	江苏省人民政府办公厅
山东	2015 年 12 月 18 日	《山东省乡村教师支持计划（2015—2020 年）实施办法》（鲁政办发〔2015〕60 号）	山东省人民政府办公厅
河南	2015 年 12 月 19 日	《河南省乡村教师支持计划（2015—2020 年）实施办法》（豫政办〔2015〕157 号）	河南省人民政府办公厅
福建	2015 年 12 月 20 日	《福建省乡村教师支持计划（2015—2020 年）实施办法》（闽政办〔2015〕155 号）	福建省人民政府办公厅
江西	2015 年 12 月 21 日	《江西省乡村教师支持计划（2015—2020 年）实施办法》（赣府厅发〔2015〕76 号）	江西省人民政府办公厅
吉林	2015 年 12 月 24 日	《吉林省乡村教师支持计划（2015—2020 年）》（吉政办发〔2015〕71 号）	吉林省人民政府办公厅

续表

省份	出台时间	文件名称	发文机构
山西	2015 年 12 月 25 日	《山西省乡村教师支持计划实施办法》（晋政办发〔2015〕120 号）	山西省人民政府办公厅
西藏	2015 年 12 月 27 日	《西藏自治区乡村教师支持计划（2015—2020年）实施办法》（藏政办发〔2015〕103 号）	西藏自治区人民政府办公厅
青海	2015 年 12 月 28 日	《青海省乡村教师支持计划（2015—2020 年）实施办法》（青政办〔2015〕231 号）	青海省人民政府办公厅
内蒙古	2015 年 12 月 28 日	《内蒙古自治区乡村教师支持计划（2015—2020 年）实施办法》（内政办发〔2015〕144 号）	内蒙古自治区人民政府办公厅
新疆	2015 年 12 月 29 日	《新疆维吾尔自治区乡村教师支持计划（2015–2020 年）实施办法》（新政办发〔2015〕171 号）	新疆维吾尔自治区办公厅
宁夏	2015 年 12 月 29 日	《宁夏回族自治区乡村教师支持计划（2015—2020 年）实施办法》（宁政办发〔2015〕183 号）	宁夏回族自治区人民政府办公厅
湖南	2015 年 12 月 29 日	《湖南省〈乡村教师支持计划（2015—2020 年）〉实施办法》（湘政办发〔2015〕114 号）	湖南省人民政府办公厅
天津	2015 年 12 月 30 日	《天津市关于贯彻落实乡村教师支持计划（2015—2020 年）的实施意见》（津政办发〔2015〕105 号）	天津市人民政府办公厅
兵团	2015 年 12 月 30 日	《新疆生产建设兵团团场（乡村）教师支持计划（2015—2020 年）实施办法》（新兵办发〔2015〕89 号）	新疆生产建设兵团办公厅
云南	2015 年 12 月 31 日	《云南省乡村教师支持计划（2015—2020 年）》（云政办发〔2015〕110 号）	云南省人民政府办公厅
陕西	2015 年 12 月 31 日	《陕西省乡村教师支持计划（2015—2020 年）实施办法》（陕政办发〔2015〕109 号）	陕西省人民政府办公厅
四川	2015 年 12 月 31 日	《四川省乡村教师支持计划（2015—2020 年）实施办法》（川办发〔2015〕107 号）	四川省人民政府办公厅

续表

省份	出台时间	文件名称	发文机构
广西	2015 年 12 月 31 日	《广西壮族自治区乡村教师支持计划实施方案（2015—2020 年）》（桂政办发〔2015〕130号）	广西壮族自治区人民政府办公厅
浙江	2016 年 1 月 7 日	《浙江省乡村教师支持计划（2015—2020 年）实施办法》（浙政办发〔2016〕2 号）	浙江省人民政府办公厅
广东	2016 年 1 月 15 日	《广东省乡村教师支持计划实施办法（2015—2020 年）》（粤府办〔2016〕3 号）	广东省人民政府办公厅
北京	2016 年 1 月 25 日	《北京市乡村教师支持计划（2015—2020 年）实施办法》（京政办发〔2016〕8 号）	北京市人民政府办公厅

表 3.2 政策文本内容分析单元编码

编号	政策主题	内容分析单元示例	政策工具类型	编码
1	师德建设	建立健全师德考核制度，将师德表现作为乡村教师年度考核、职务评审、岗位聘用、实施奖惩的重要依据，实行"一票否决制"	命令型	1-1
		将师德培训纳入乡村教师职前职后培养全过程，不断提高乡村教师的理论素养、政治素质和师德水平	能力建设型	1-3
		树立本地区师德典型，大力宣传乡村教师坚守岗位、默默奉献的崇高精神	劝告型	1-5
2	师资补充	建立新聘教师乡村学校任教制度，城镇学校新招聘教师到乡村学校任教一般不少于 2 年	命令型	2-1
		对综合性院校毕业生和师范院校非师范生取得教师资格并到乡村学校任教的，满 5 年后给予 4 万元一次性补助	激励型	2-2
		初中起点的毕业生，通过中考单独提前批次录取，本土化培养五年制专科层次的"一专多能的全科型"乡村教师	系统变革型	2-4
		引导和鼓励高等院校、科研机构和社会团体组织专家学者开展志愿者乡村支教活动	劝告型	2-5

续表

编号	政策主题	内容分析单元示例	政策工具类型	编 码
...	...	...	...	...
8	荣誉制度	省一级对在乡村学校从教满25年以上的教师，按照有关规定颁发荣誉证书并给予奖励。地一级（州、市）、县（市、区）要分别对在乡村学校从教20年以上、10年以上的教师给予奖励	激励型	8-2
		宣传部门、新闻媒体要加大对优秀扎根乡村的教师的挖掘和宣传	劝告型	8-5

（二）不同省级地区政府的政策工具运用比较分析

在多次斟酌与研讨的基础上，本书根据 X 维度即政策工具的编码归类，将31个省（自治区、直辖市）的政策文本内容归类为不同的政策工具类型，统计结果如图3.2所示。总体而言，命令型工具使用频数最多（30.04%），能力建设型（23.02%）和激励型工具（17.98%）次之，系统变革型（15.57%）和劝告型工具（13.37%）使用相对较少。进一步比较各省的工具运用情况，发现以下主要特征。

1. 命令型工具使用过溢

各省份使用最多的工具类型为命令型工具，使用频数总计137次。分别来看，命令型工具使用最多的是福建省和新疆维吾尔自治区，均运用了6次，占比高达42.86%。由此可知，命令型政策工具仍是各省级政府落实《乡村教师支持计划》政策的主要工具手段。作为一种权威政策工具，命令型工具的频繁使用，体现了各级政府对乡村教师队伍建设的重视，这也符合我国长期形成的自上而下的教育行政管理体制的特点。然而，"过多地使用命令型工具会导致教育管理模式生硬、僵化、缺乏回应性，有悖于教育发展的总体趋势，也遏制了教育领域的创新与活力"[5]。

2. 激励型工具的运用省际差异较大

各省份激励型工具占比的标准差较高，表明地区间激励性工具运用的差异明显。例如，运用比例最高的山东省，其激励型工具占比达31.25%；

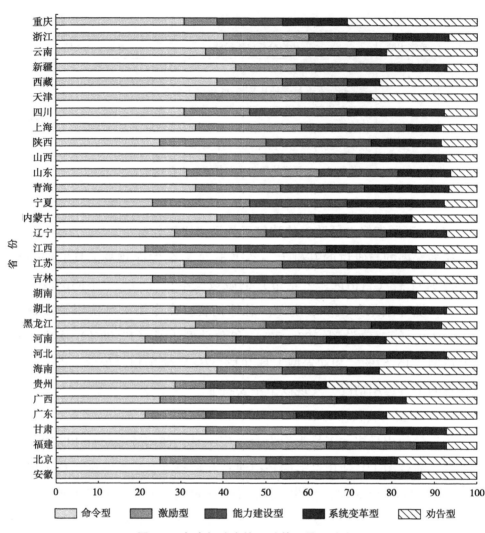

图3.2　各省级政府的"政策工具"分布

较高的北京市、上海市及天津市，比例都在25.00%左右；贵州省、内蒙古自治区和重庆市则较少使用激励工具，在其整个方案中分别只运用了1次，占比在7.00%左右。可能的原因是激励型工具需要相应的教育财政支出做支撑，因此省际激励型工具运用差异大，受到地区经济发展水平和财力水平的制约。

3. 能力建设和系统变革工具运用较为平均

对于能力建设型工具的使用，各省份的运用较为平均，普遍在 2～3 次，占比 20.00% 左右。其中辽宁省、上海市、山西省的能力建设型工具运用相对较多，占比在 25.00%～29.00% 之间。相比之下，天津市对能力建设工具运用不足，占比只有 8.33%。此外，运用系统变革工具较多的省份是宁夏回族自治区、内蒙古自治区、四川省、江苏省等，平均在 23.00% 左右，而云南省、西藏自治区、海南省对系统变革工具的使用较少，占比为 7.00% 左右。

4. 劝告型工具相对不足

各省份运用劝告型工具普遍较少，总计使用频次为 61 次，占比 13.37%。除了个别省份如贵州省（35.71%）、海南省（23.00%）较多地使用了劝告工具以外，其余省份对劝告型工具的运用比例较低，普遍在 7.00% 至 15.00% 之间。这意味着各地方政府普遍忽视了劝告型工具的作用。根据麦克唐纳和艾莫尔的观点，劝告型工具可以传递信号或信息来引导政策主体的行为。如省级政府除了通过媒体和文本信息加强政策宣传以外，还可以通过对各县市乡村教师支持政策的实施情况和效果进行总结，以图表、数据、案例等形式发布通报，以此来引导县市政府进一步落实此项政策。

（三）不同乡村教师建设主题下的政策工具运用分布

在上述乡村教师队伍建设的八个主题中，地方政府在乡村教师工资待遇方面所使用的政策工具最多，共计 97 次，占比 21.3%；其次是在师资补充方面，共计 76 次，占比达 16.7%；而使用政策工具相对较少的则是教师编制和荣誉制度政策主题，频数分别为 37 次和 41 次（见图 3.3）。这表明地方政府多致力于完善乡村教师的补充机制和保障乡村教师的福利待遇问题，而这两个问题也恰是当前我国乡村教师队伍建设的瓶颈问题。下文分别对八个主题使用的政策工具倾向性做进一步的分析。

Y	137	82	105	71	61	
师德建设	29	0	28	0	5	62
师资补充	13	26	16	16	5	76
工资待遇	31	31	29	1	5	97
教师编制	31	0	0	3	3	37
职称评聘	10	6	0	27	2	45
城乡流动	7	7	2	24	9	49
能力素质	16	0	30	0	3	49
荣誉制度	0	12	0	0	29	41
	命令型	激励型	能力建设型	系统变革型	劝告型	X

图 3.3 地方政府《乡村教师支持计划》政策工具的二维分布

1. 师德建设多采用命令——能力建设型工具组合，但缺乏细化的制度方案

在提高教师政治素质和师德水平方面，命令型工具和能力建设型工具的运用较多，劝告型工具次之。统计结果表明，31 个省（自治区、直辖市）中有 81%选择命令工具和能力建设工具的结合，10%选择命令型工具和劝告型工具的结合。典型省份如四川省综合运用了多种政策工具，既采用了命令型工具（如规定师德表现作为年度考核、职务晋升等重要参考，实行"一票否决"），又运用了劝告型工具（如强调师德宣传，激励引导乡村教师强师德、扬师表），还运用了能力建设型工具（如把师德教育融入乡村教师入职后培训过程），等等。

国内师德建设方面的不足之处在于，只有 7 个省份结合本省实际出台了更为明确的师德建设路径，其他省份只是沿用国家政策文本的宏观表述，缺乏对师德考评机制、监督机制、责任机制、培训机制、宣传机制等相关机制的详细表述。

2. 师资补充政策工具多样化，激励型工具各具特色

在拓展乡村教师补充渠道方面，各省份在政策工具的选择上呈现多样化特征，且激励型工具的运用也各具特色。例如，云南省运用激励型工

具，对县城具有中级及以上职称、去乡村任教满两年的教师，每人每年补贴1万元；安徽省采用系统变革型工具，通过中考单独提前批次录取初中毕业生，本土化培养五年制专科层次的"一专多能的全科型"乡村教师；山东省选择部分省属师范类本科高校招生免费师范生，于2016—2018年共招生1万人，定向培养乡村教师，且所需经费由省财政分年度拨付。北京市既使用系统变革型工具，采取定向培养教育硕士的方式补充乡村教师，又使用激励型工具，给予取得教师资格并到乡村任教满5年的非师范生给予4万元的一次性补助。

3. 工资待遇普遍采用激励型工具的组合，但地区间激励标准差距较大

提高乡村教师待遇是落实《乡村教师支持计划》的核心内容，也是地方政府使用最多的工具。所有省份都使用了激励型工具，并且其中77%的省份采取命令型、激励型和能力型建设工具的组合。但进一步比较发现，各地区的激励标准和财政保障制度差别较大，且多数省份并没有提及省级财政的分担比例，也没有对具体补助金额予以规定，这就使得地区间在激励标准上差异较大。例如，激励标准较高的北京市，其乡村教师岗位生活补助发放办法中将补助形式分为三类：一类补助标准为每月2 100元，二类补助标准为每月1 900元，三类补助标准为每月1 800元。其他省份的激励标准则普遍在每月200元至500元之间，如广西壮族自治区的统筹资金按每人每月不低于200元的标准予以奖补，四川省的省财政则按每人每月220元给予定额补助。

4. 教师编制行政命令凸显，工具运用较为单一

各省在教师编制这一主题上的政策工具运用最少（见图3.3），共计37次，并且81%的省份只采用了单一的命令型工具。例如福建省，其对农村小规模义务教学学校的教师编制除按生师比和班师比相结合的方式予以核定外，还根据不同人数规模的小学分别给出教师配备人数的规定。甘肃省则对村小学和教学点教师编制核定方式分别做出不同规定，前者按照生师比和班师比结合的方式进行核定，后者则按照班师比加以核定。江西省

规定，村小学以及教学点的编制均按照生师比和班师比相结合的方式进行核定，对成班率较低的学校按照班师比不低于 1∶1.5 予以保障。合理运用命令工具可以推进城乡编制的统一，但命令工具作为一种权力工具，过分使用也会导致一些问题，如省一级政府对编制做出的硬性规定未必能够完全考虑省域内各县的实际情况，县一级政府在被动执行过程中则可能偏离政策制定的初衷，从而难以达到预期效果。

5. 职称评聘以系统变革型工具为主

48%的省份在职称评聘主题上运用系统变革型工具，对教师评聘制度进行改革。具体包括：对乡村教师职称（职务）评聘中的外语及论文不做刚性要求，晋升名额向其倾斜；城镇教师晋升时需要具备乡村或薄弱学校的从教经历；等等。例如，青海省在中高级岗位定额中预留 5%用于鼓励城镇教师到乡村学校任教；河北省对在乡村学校任教满 25 年且继续任教的教师，可不受岗位职数限制，直接聘用到与其现有专业资格相对应的岗位。需要注意的是，系统变革型工具在权力转移的过程中，势必会触动某些群体的既得利益，可能会造成部分县镇教师群体对政策的抵制，产生一些非预期的后果。

6. 城乡流动中多综合运用系统变革型和劝告型工具

多数省份在促进教师城乡流动方面都采用了两种以上的政策工具组合，较多运用的是系统变革型工具+劝告型工具的组合。例如，贵州省采用了系统变革型+命令型+劝告型的组合，积极探索教师"县管校聘"制度，推进校长、教师进行定期轮岗交流，每年交流数量达到县域内应交流总数的 10%以上；重点引导优秀校长和骨干教师向乡村学校流动；鼓励退休教师到乡村学校支教。辽宁省采用的是系统变革型+劝告型组合，其在核定教师总量时预留部分中、高级岗位专项用于聘任到农村学校、薄弱学校交流轮岗的教师；鼓励优秀教师到乡村支教，将乡村任教经历作为学科带头人、骨干教师等评选的标准之一。上海市则规定，新评特级教师、特级校长中，须有 20%左右的人员到乡村学校支教 3 年；对应聘乡村学校的外省市优秀高校应届毕业生，在落户上实施政策倾斜。

7. 素质提升充分运用能力建设工具，但配套保障体系不完善

在素质提升方面，各省份运用最多的是能力建设型工具（61.2%）和命令型工具（32.6%），并都明确规定将每年的财政预算按一定比例用于保障乡村教师培训的经费投入。能力建设型工具运用比较有特色的有以下几个省份：①重庆市。其为乡村学校配备现代教学技术设备，并采取优质课评选等方式加强教学资源的使用。②天津市。其按每人5 000元的标准给教师配备电子设备，方便教师自主学习。③上海市。其对到乡村学校的新任教师，在一年见习期内将他们安排到市、区县两级教师专业发展学校进行规范化培训。④云南省。其鼓励高年级师范生到乡村学校实习，置换出原有乡村教师（使之有机会进修、学习）的方式，加强对乡村教师的培训。必须指出的是，除了上述省份外，其他多数地区只是按照国家政策要求，规定市、区县政府要组织本区域乡村教师、乡村校长每年参加不少于360学时的培训，但没有具体化的能力提升方案和举措。

8. 荣誉制度方面以劝告型工具为主，部分地区辅之运用激励型工具

在荣誉制度方面，多数省份简单运用了劝告型工具，参考国家政策按照教师在乡村学校的从教年数为其颁发相应的荣誉证书。值得一提的是，有部分省份综合运用了劝告型工具和激励型工具，从政策工具运用的角度来看，这种组合能够更好地激励教师长期扎根乡村任教。以河北省为例，其除了运用劝告型工具——向长期在乡村任教的教师颁发荣誉证书外，还针对在乡村从教15年以上有突出贡献的教师每年组织一次奖励申报工作，每次奖励300人左右，每人奖励1万元。又如湖北省，其设立的"楚天园丁奖"规定乡村教师的获奖比例不低于30%，同时设立"湖北省乡村教师奖励基金"，对做出突出贡献的乡村教师予以奖励。甘肃省则规定，对在乡村从教20年以上的教师的子女，在省内教师招考时，同等条件下优先招录。

三、政策工具选择的分析与讨论

综合分析可知，自《乡村教师支持计划》实施以来，各地政府在工资待遇和师资补充这两方面，创新并运用了多种政策工具，总体上取得了较大成就。使此前长期制约乡村教育发展的教师"下不去、留不住、教不好"等痼疾有望破题。但在其他主题上，各地在政策工具的使用方面仍较为单一，存在命令型工具使用过溢，政策型工具的细化机制不完善，激励型工具的运用地区间差异大等问题。针对上述问题，结合各省份目前政策实施的具体情况，本书对未来地方政府政策工具的选择和运用提出以下建议。

（一）转变政府管理方式，弱化命令型工具的使用

在推进教育治理能力现代化、构建现代教育治理体系的背景下，地方政府应转变管理方式，从传统的公共行政管理走向现代公共治理的范式。由前文分析可知，目前地方政府在乡村教师政策上仍习惯运用各类命令型工具，行政色彩浓厚。这既容易造成管理体制的僵化，也容易遭到利益相关者的不满和抵制。因此，未来的乡村教师支持政策的完善，需要政府转变管理方式，弱化命令型工具的使用，结合不同主题政策目标的特点，引入激励型、系统变革型、劝告型和能力建设型等工具，创新管理体制，不断提高政府的治理能力。例如，广西壮族自治区结合本地区实际，创新支教模式，每年选派音体美、英语、信息技术等 2 000 名左右紧缺学科的优秀教师，除完成原单位教学任务外，再到乡村学校轮流教学。又如，贵州根据"八山一水一分田"的特殊地理现实，构建"省内外优质教师培训基地—区域性乡村教师发展中心—乡村校本研修示范学校—乡村名师工作室"一体化的乡村教师校长专业发展支持服务体系，并从 2016 年起每年重点遴选、培育 10 名乡村教育家和 300 名乡村名师。

（二）综合运用教育政策工具，科学提升组合效果

麦克唐纳和艾莫尔认为，任何一种政策工具都有其自身的优势和不

足，因此地方政府在乡村教师支持政策工具的运用中应注意以下两点。

第一，教育政策的使用不要过于单一，应根据政策的目标和每个政策工具自身的特点综合加以运用，以实现政策工具组合效果的最大化。例如，在教师编制问题上可以更多运用系统变革工具，可参考北京市等地采用政府购买方式解决乡村教师编制，以及将事业单位编制优先分配给乡村教师等创新方式解决此类问题，而不是单一运用命令型工具。

第二，对政策工具的组合运用应以相互补充和强化为目标，不合理的搭配反而会产生矛盾，弱化政策效果。例如，职称评聘主题就不适合采用命令型工具和系统变革型工具的组合，因为这两种政策工具都伴随着较大的权力因素，容易激化矛盾，可以考虑系统变革型、劝告型工具和激励型工具这三种的组合，从而在系统变革基础上对乡村教师的行为予以引导或激励。

从政策落实的效果来看，在组合运用多种政策工具的省份中，江西省是一个典型案例。其既采用系统变革工具，如实施"定向培养乡村教师计划"、单列男性乡村教师计划、落实"万名乡村音体美教师培训计划"，以及搭建"互联网+乡村教育"服务云平台，全面提升乡村教师的信息技术应用能力，又运用激励型工具提高乡村教师的待遇，全面落实三项津贴补助政策。此外，江西省还运用劝告型工具，如建立乡村教师荣誉制度，要求各级政府对在乡村学校从教10年、20年、30年的教师按照有关规定颁发荣誉证书，建立休养制度，加大对长期在乡村任教的教师（包括退休教师）的人文关怀。又如，安徽省完善中小学教师"省考、县管、校聘"办法，优先补充乡村学校特别是村小、教学点的教师；城镇学校新任教师1年试用期满后原则上先到乡村学校任教2年以上，定向培养的乡村教师占编分配到指定的乡村学校任教不少于6年；等等。自政策颁布3年来，安徽省在乡村教师培养方面共完成初中起点专科层次计划和高中起点本科层次计划7 000余名。

（三）完善政策工具的配套措施，加强政策体系建设

科学合理的教育政策，除了要使用适当的政策工具外，还要具备完善的配套措施。由前文分析可知，目前各地政府在师德建设和素质能力提升方面的政策工具配套措施尚不够完善，大多只是参考了国家政策的宏观表述。为此建议，师德建设方面在参考贵州省等地使用命令型工具落实教师职业道德"十不准"的同时，也应采取相应的配套奖惩制度体系，如贵州省教师网设立的乡村教师师德诚信记录专栏，实行师德失范一票否决，并把师德师风建设作为乡村学校工作考核和办学质量评估的重要指标，等等。在素质提升方面，可借鉴辽宁省等地的培训制度体系，包括教师进修院校的标准化建设、建设不少于100名乡村教师的"影子"培训基地、培养1 000名乡村教师导师团队、选拔10 000名乡村骨干教师、建设乡村校长支持服务体系、加强乡村教师信息技术应用培训、开发乡村教师走出来等研修方式，全方位构建教师能力素质提升的培训体系。

（四）中央通过加大"综合奖补"力度，鼓励各省市运用激励工具

本次调研中发现的一个问题是：激励型工具运用的地区间差异较大，一些地区的激励型工具运用明显不足。在市场经济深入发展的今天，适当运用经济激励可以更好地调动乡村教师的工作积极性，提高乡村教师职业的吸引力，吸引更多优秀人才扎根乡村任教。为此，建议按照乡村教师生活补助政策"地方自主实施，中央综合奖补"的原则，由中央财政在义务教育经费保障机制中增列综合奖补资金，对地方政府运用较好的激励型工具给予奖补。地方政府在激励型工具方面运用时间越早、标准越高、效果越好，则中央奖补的比例就越高，反之则越少。以此激发和鼓励各地方政府以激励型工具为抓手，加大专项财政经费的投入，并借鉴实施激励型工具情况较好的省份，科学制定适合本地区经济水平的激励方案。

参考文献

[1]SCHNEIDER A L,INGRAM H. Behavioral assumptions of policy tools [J]. The Journal of

Politics,1990,52(2):510-529.

[2] MCDONNELL L M. Assessment policy as persuasion and regulation [J]. American Journal of Education,1994,102(4):394-420.

[3] LORRAINE M. MCDONNELL, RICHARD F. ELMORE. Getting the job done: alternative policy instruments [J]. Educational Evaluation and Policy Analysis,1987,9(2). CPRE Joint note [EB/OL]. [2023-04-01]. https://files. eric. ed. gov/fulltext/ED293218. pdf.

[4]陈振明. 政府工具研究与政府管理方式改进:论作为公共管理学新分支的政府工具研究的兴起、主题和意义[J]. 中国行政管理,2004(6):43-48.

[5]胡仲勋,俞可. 以政策工具创新推进公共教育改革:基于纽约市教育局的经验[J]. 全球教育展望,2016(3):81-89.

[6]豪利特,拉米什. 公共政策研究:政策循环与政策子系统[M]. 庞诗,等译. 北京:生活·读书·新知三联书店,2006:144.

[7]休斯. 公共管理导论[M]. 张成福、马子博译. 北京:中国人民大学出版社,2007:95-96.

[8]陶学荣. 公共政策学[M]. 大连:东北财经大学出版社,2009:171.

[9]严强. 公共政策学[M]. 北京:社会科学文献出版社,2008:94.

[10]各地落实乡村教师支持计划(2012—2020)的工作进展及实施方案[EB/OL]. (2015-06-01)[2023-01-07]. http://www. moe. gov. cn/jyb_xwfb/xw_zt/moe_357/jyzt_2015nztzl/2015_zt17/.

第四章
经济激励政策对师范生
乡村从教意愿的影响
——基于西部地区 15 所院校的调查

发展乡村教育，阻止贫困现象代际传递，是当前教育扶贫的重点工作，而要发展乡村教育，教师是关键。然而，贫困农村地区教师的招聘与保留却是世界性的难题。那么，是什么原因导致了贫困地区教师的供给危机？蒙克（Monk, 2007）[2]在对农村教师队伍进行长期的跟踪研究后发现，由于农村地区财力薄弱，新入职教师在数量和质量上都难以保证，流失率非常高。教育经济学家哈努谢克等的研究也发现，造成贫困地区教师大量流失的主要原因是工资待遇低。柯林斯（Collins, 1999）[5]的研究指出，由于农村学校位置偏远，许多教师长时间远离社区与家庭，往往会产生与社会隔绝的感觉，从而导致了教师的流失[3]。

国内学者徐国兴等（2015）[11]的研究发现，影响师范生从教意愿的主要因素有性别、专业、家庭收入、父亲职业和家庭居住地等。付卫东和付义朝（2015）[6]的研究也发现，个体特征、家庭特征、学业成就、综合能力、学校特征等都会影响师范生赴农村从教的意愿。李桂荣（2012）[8]基于陕西省怀仁县某乡的田野调查匡算出该乡求学者接受高等教育的成本与收益状况，并由此得出农村籍学生高等教育投资收益率逐年下降的结论，而去农村学校工作的收益率较低，无法弥补其已经投入的教育成本，这使得农村籍师范生也不愿意回到农村学校任教。

由此可知，贫困农村地区较差的学校工作环境、多学科的教学压力、公共设施少、远离经济文化中心等多方面问题导致这些地区的学校难以吸引到高素质的教师（Beeson and Strange, 2003[3]; Grenfell, 2004[4]; Proffit, Sale, Alexander et al., 2002[1]; Luekens, Lyter, Fox et al., 2004）。为了破解这一难题，各国纷纷制定了多样化的激励政策，如日本1954年出台的《偏僻地方教育振兴法》，美国2007年颁布的《农村教师保留法案》，澳大利亚昆士兰州制定的《边远地区奖励计划》，以及法国1981年制定的政策：根据学校地理位置、社会环境等因素设立教育优先区，并给该区教师发放津补贴等。

我国于2013年印发《关于落实2013年中央1号文件要求 对在连片特

困地区工作的乡村教师给予生活补助的通知》，对在连片特困地区乡村学校和教学点工作的教师给予生活补助。在 2015 年的《乡村教师支持计划》中再次强调要进一步落实乡村教师生活补助政策，在乡村教师工资待遇、高校毕业生学费补偿和助学贷款代偿等多方面制定激励政策，鼓励有志青年投身乡村教育事业。根据教育部关于乡村教师生活补助实施的通报，到 2018 年底，中西部 725 个集中连片贫困地区中有 724 个县实施了上述激励政策，共覆盖了 8.21 万所乡村学校，受益乡村教师 127.21 万人，平均补助标准为每人每月 324 元。

那么，在各省《乡村教师支持计划》出台的背景下（如本书第三章所述），西部贫困地区师范生的乡村从教意愿是怎样的呢？具有怎样特征的师范生会选择去乡村任教呢？上述国家政策的出台是否提高了师范生的从教意愿呢？如果想激励更多的优秀师范生去乡村任教还需要采取哪些激励措施？为回答上述问题，笔者于 2017 年 5 月调查了西部地区 15 所院校的师范生，并对他们进行了群体访谈，以定量与定性结合的方式分析了经济激励政策（包括生活补助、助学贷款、学费代偿等）对师范生从教意愿的影响，并进一步探讨了哪些因素会对师范生在乡村任教 3 年以上的意愿产生影响，特别是具有怎样特征的教师更愿意扎根乡村任教，从而为西部贫困地区的教师招聘提供参考。

一、理论分析与研究假设

师范生的乡村从教意愿会受哪些因素影响呢？根据本书第二章对补偿性工资差别理论的分析可知，工资待遇和工作特征是影响师范生乡村从教意愿的两类主要因素。具体而言，师范生是否愿意去乡村从教，一方面取决于其所能获得的额外工资补偿与优惠政策，另一方面取决于师范生个体的心理保留价格。所谓心理保留价格，指的是当师范生去偏远贫困乡村任教（前提是其原本不愿意去）时所要求的最低工资补偿。当补偿性工资超过师范生的心理价位时，则其有可能选择去偏远贫困乡村任教。当然，即便在同一个地区，即便补偿性工资的标准对所有师范生而言是一致的，但是师范生个体的心理保留价格却因人而异，受其籍贯、家庭背景、乡村厌恶程度等多种因素的影响[7]。

（一）经济激励政策

经济激励政策是本书重点关注的核心自变量。根据补偿性工资差别理论的分析，本书就经济激励政策对从教意愿的影响效应提出以下研究假设。

研究假设1：乡村教师生活补助政策对师范生的乡村从教意愿（包括长期乡村从教意愿）具有着显著的正向影响。

研究假设2：《乡村教师支持计划》对师范生的乡村从教意愿（包括长期乡村从教意愿）具有显著的正向影响。

研究假设3：是否获得助学贷款对师范生的乡村从教意愿（包括长期乡村从教意愿）有显著影响。

研究假设4：学费补偿和贷款代偿政策对师范生的乡村从教意愿（包括长期乡村从教意愿）均有显著的正向影响。

研究假设5：师范生对月收入底线的期望值越低，其乡村从教意愿（包括长期乡村从教意愿）越强烈。

（二）个体与家庭因素

根据国内外已有的相关研究，除了经济激励政策外，乡村厌恶度、个体特征、家庭特征等也会影响师范生的从教意愿。

乡村厌恶度往往通过影响师范生的心理保留价格而影响他们的乡村从教意愿。现实中，师范生如果对乡村的交通条件、经济发展水平和办学条件等表现出越高的厌恶度，那么他们的乡村从教意愿也越低。

师范生的个体特征（如户籍）也会影响他们的决策。王国明和杨赟悦（2014）的研究证实了农村籍的特岗教师对农村环境更为熟悉，对农村教师职业也更为认同。王维虹（2013）[10]的研究也发现，来自农村的特岗教师更了解农村的艰苦环境，也更能够适应农村的工作环境。

师范生的家庭特征同样会对其择业产生一定的影响。例如，如果父母是教师，一种可能是父母希望子女去更需要人才的乡村学校任教；但也有另一种可能，即父母因了解乡村工作的艰苦而不愿意子女去那里任教。总体而言，如果家人支持师范生去乡村从教，那么其选择扎根乡村的意愿往往更强烈。

此外，在师范生的家庭特征中，如果父亲的受教育程度越高，所获取的社会资源越多，为子女就业时可能提供的选择越多，则这样的师范生选择去乡村任教的可能性也就越小。这一点在张源源和邬志辉（2015）[12]的研究中已有验证，即农村教师的父亲普遍都从事体力劳动，受教育程度不高，社会资源十分有限。

因家庭经济背景、性别、民族、是否独生子女等情况不同，不同师范生的从教意愿可能存在显著差异。例如，许多少数民族师范生因为习惯本民族的文化习俗，因而更愿意回到家乡任教。又如，笔者在访谈时发现，许多独生子女师范生都谈到希望能够离父母近一些，方便照顾，因而不愿意去偏远乡村任教。

此外，师范生的学业成绩也会对其从教意愿产生影响。毫无疑问，大家都希望去乡村任教的师范生品学兼优，不是因学习成绩差、就业困难而不得不去，因此本书引入师范生的学业成绩这一变量，目的是关注不同学业等级的学生在乡村从教意愿上有无显著差异。

二、数据来源与研究方法

（一）抽样方法

本书采用的是目前应用最广泛的多阶段依概率抽样法（PPS），以《扶贫办关于公布全国连片特困地区分县名单的说明》中的 14 个集中连片特困地区为抽样框，选取了经济相对发达的秦巴山区和相对贫困的滇桂黔石漠化区这两个地区。在这两个地区中随机抽选了渭南师范学院、黔南民族师范学院、咸阳师范学院、贵州师范学院等 15 所地方院校，再按比率随机抽选大三、大四的师范生。正式调研于 2017 年 5 月初开始，采用问卷星的形式，通过各院校就业办负责人协助发放问卷，至同年 5 月底共回收有效问卷 2 585 份。

（二）抽样单元

如前所述，本书选取的抽样单元是西部院校大三和大四的师范生。之所以选择西部院校，是考虑在未来一段时间内西部贫困地区教师供给的主要来源仍然是西部地方院校毕业的学生。之所以选择对大三、大四的学生展开调查，是因为这些学生即将毕业，对未来已有一定的规划和思考，因此他们的回答也更为成熟可信。只调查师范生而不是全体大学生，是考虑师范生接受了更加系统的教育训练。笔者认为，当前西部学校所迫切需要的是有教育专长的人才，因而仅有教师资格证还是不够的。

（三）问卷发放与回收

本次预调研采用问卷星的形式，通过微信发放了 40 份问卷，回收了 40 份问卷。根据预调研结果，笔者又对问卷进行了修订和调整，之后开始正式调研。问卷通过抽样学校的就业办教师发放给大三和大四的学生，有效回收问卷 5 166 份，其中来自秦巴山区的样本 3 868 份，来自滇桂黔石漠化区的样本 1 298 份（见表 4.1）。

表 4.1　西部院校师范生抽样情况

集中连片特殊困难地区	周边抽样学校	总样本量（份）
秦巴山区	安康学院、宝鸡文理学院、陕西理工大学、陕西理工学院、陕西师范大学、商洛学院、渭南师范学院、咸阳师范学院、延安大学、延安大学西安创新学院等	3 868
滇桂黔石漠化区	安顺学院、贵阳学院、贵州大学、贵州师范大学、贵州师范学院、黔南民族师范学院等	1 298
总计		5 166

（四）信度、效度检验

1. 信度检验

信度分析主要有四种方法：复本系数法、重测信度法、折半信度法和

克伦巴赫 α 信度系数法（Cronbach's Alpha）。本书采用目前应用最广泛的克伦巴赫 α 信度系数法来检验胜任力模型，计算公式如式（4.1）所示：

$$\text{Cronbach's Alpha} = \frac{n}{n-1}\left(1 - \frac{\sum s_i^2}{s_{total}^2}\right),\ s_{total}^2 = \text{Var}\left(\sum x_i\right),\ s_i^2 = \text{Var}(x_i) \quad (4.1)$$

笔者运用 SPSS 软件对师范生从教意愿调查问卷的信度进行了分析，克伦巴赫 α 信度系数为 0.85，表明问卷设计信度较高，通过了检验。

2. 效度检验

效度是指能够检验该测验想要测的心理或行为特征达到了何种程度[9]。根据凯撒（Kaiser，1974）的观点，KMO（Kaiser-Meyer-Olkin）值越接近于 1，那么问卷的有效性就越高，且要进行因素分析，其 KMO 值应大于 0.6。本书中的问卷设计，运用 SPSS 20.0 检验后得出 KMO 值为 0.606 > 0.6，显著性概率 p 值为 0.000<0.01，可见样本有效性较高，通过效度检验分析，适合做因素分析（见表 4.2）。

表 4.2　KMO 检验与 Bartlett 球形检验结果

KMO 取样适切性量数		0.606
Bartlett 球形检验	近似卡方分布	13 373.312
	df	378
	Sig.	0.000

（五）变量与测量

1. 因变量

因变量有两个，分别是"您是否愿意去乡村任教?"（Y_1），回答是，$Y_1=1$，否则 $Y_1=0$；"您是否愿意去乡村任教 3 年以上（Y_2）"，回答是，$Y_2=1$，否则 $Y_2=0$。

2. 自变量

核心自变量为经济激励政策，包括《乡村教师支持计划》、乡村教师生活补助政策、赴乡村任教学生的学费补偿和贷款代偿政策、是否有助学贷款、月收入期望值底线等。

3. 控制变量

其他影响师范生从教意愿的因素作为控制变量，包括个体特征、家庭特征、乡村厌恶度这三类。

自变量和控制变量的测量及预期影响方向见表4.3。

表4.3 变量的选取与测量

变量类别		变量名	赋值规则	预期影响方向
自变量	经济激励政策（X_P）	月收入期望值底线	实际值，单位（千元）	-
		乡村教师生活补助政策	知晓=1，其他=0	+
		《乡村教师支持计划》政策	知晓=1，其他=0	+
		赴乡村任教学生的学费补偿和贷款代偿政策助学贷款等	知晓=1，其他=0	+
			获得=1，未获得=0	+
控制变量	个体特征（X_I）	性别	男性=1，女性=0	-
		民族	少数民族=1，汉族=0	
		学业成就		
		成绩排名下游	对照组	+
		成绩排名中游	是=1，其他=0	不确定
		成绩排名上游	是=1，其他=0	
		是否独生子女	独生子女=1，其他=0	-
	家庭因素（X_F）	户籍	农村=1，城镇=0	+
		父亲受教育程度		
		初中及以下	对照组	
		高中及中专	是=1，其他=0	-
		大专及以上	是=1，其他=0	-
		父母中是否有教师	有=1，其他=0	不确定
		家庭年收入		
		1万元以下	对照组	
		1万~3万元	是=1，其他=0	-
		3万~5万元	是=1，其他=0	-
		5万元以上	是=1，其他=0	-
		家人是否支持乡村任教	支持=1，其他=0	+

变量类别	变量名	赋值规则	预期影响方向
控制变量	乡村厌恶度（X_R） 乡村学校办学条件差 乡村地区经济发展水平低 乡村教师工作负担偏重，职业压力大 子女教育问题突出 乡村的交通非常不便利	认同＝1，否＝0 认同＝1，否＝0 认同＝1，否＝0 认同＝1，否＝0 认同＝1，否＝0	－ － － － －

（六）Logit 模型设定

本书中的两个因变量——乡村从教意愿和乡村长期从教意愿都是二分变量，取值为1，代表师范生愿意去乡村从教；取值为0，代表师范生不愿意去乡村从教。因此，选择运用 Logit 离散回归模型来分析其从教意愿的影响因素，具体模型如式（4.2）所示：

$$Logit(P_{Y_i}) = \ln\left(\frac{P_{Y_i}}{1 - P_{Y_i}}\right) = \beta_0 + \beta_1 x_P + \beta_2 I + \beta_3 R + \beta_4 F + u(i = 1, 2) \quad (4.2)$$

其中，P_{Y1} 表示师范生选择去乡村从教的概率，P_{Y2} 表示师范生选择去乡村任教 3 年以上的概率；X_P 为自变量，包括多种经济激励政策和变量；I 为师范生个体特征变量，F 为师范生的家庭特征变量，R 为师范生的乡村厌恶度。β_i（$i=1$，2，3，4）表示的是变量 x_i 每变化一个单位，师范生愿意去乡村从教与不愿意去乡村从教的发生比（$odds$）的自然对数值。对式（4.2）两边进行指数变换得到式（4.3）：

$$odds = \frac{P_{Y_i}}{(1 - P_{Y_i})} = \exp^{(\beta_0 + \beta_1 x_I + \beta_2 x_F + \beta_3 x_R + \beta_4 x_P + u)} = e^{\beta_0} \times e^{\beta_1 x_1} \times e^{\beta_2 x_F} \times e^{\beta_3 x_R} \times e^{\beta_4 x_P} \times e^u$$

$$(4.3)$$

其中，e^{β_i} 为优势比（$odds\ ratio$，即 OR 值）＝（$e^{\beta_i} - 1$）×100%，表示的是自变量 x_i 每变化一个单位，愿意赴乡村任教的百分比高于（或低于）不愿意赴乡村任教的百分比多少倍。

三、师范生乡村从教意愿现状的描述分析

调查结果显示，样本中有 58.7% 的师范生回答愿意去乡村任教，但只有 10.5% 的师范生回答愿意在乡村任教 3 年以上。这意味着总体来看有超过一半比例的师范生愿意毕业后去乡村从教，但多数师范生只愿意从教 3 年以内，并没有打算在乡村长期工作。为探究产生这一现象背后的原因，笔者又对西部院校的部分师范生进行了访谈，发现主要原因是多数师范生认为目前就业形势并不乐观，而去乡村可以通过特岗计划先找到一个就业岗位，等特岗教师聘期 3 年期满以后，有机会再往县城学校等地方调动。另外，有一些师范生来自大城市，觉得自己无法适应农村生活，如没有电影院、商场等娱乐场所，自己接受不了；还有部分师范生是家里的独生子女，坦言不想离父母太远；另有一部分师范生则无法接受长期在乡村任教，他们表示如果要一辈子待在农村而没有机会离开，那简直是"太恐怖"了。

描述统计结果表明，70.3% 的少数民族师范生更愿意去乡村任教，农村籍师范生愿意赴乡村从教的比例是 64.4%（高于城镇户籍师范生的 53.9%）。从师范生所学专业来看，体育专业师范生愿意赴乡村从教的比例最高，为 81.8%。此外，调查中有 61.6% 的非独生子女师范生愿意去乡村任教，其比例也高于独生子女愿意赴乡村从教的比例。同时，其父亲受教育程度为初中及以下的师范生更愿意去乡村任教；家庭经济条件越好的师范生，越不愿意去乡村任教。

那些愿意在乡村任教 3 年以上的师范生有怎样的特征呢？描述分析结果表明，其特征与愿意去乡村从教的师范生基本相似。具体来说，男性（18.4%）、体育类专业（15.5%）、少数民族、农村籍、非独生子女（11.4%）、父亲受教育程度低、家庭年收入较低的师范生愿意长期扎根乡村从教。

表 4.4 为不同特征群体师范生的乡村从教意愿。

表 4.4　不同特征群体的乡村从教意愿

变量	类别	愿意赴乡村从教的百分比（%）	愿意长期在乡村从教的百分比（%）
性别	男	59.6	18.4
	女	58.4	7.8
民族	少数民族	70.3	13.2
	汉族	53.6	9.4
专业	体育	81.8	15.5
	艺术	55.5	7.1
	文科	55.4	9.0
	理工	61.4	13.7
户籍所在地	城镇	53.9	7.8
	乡村	64.4	13.7
是否独生子女	独生子女	43.0	6.2
	非独生子女	61.6	11.4
父亲受教育程度	初中及以下	63.3	11.9
	高中及中专	49.5	7.7
	大专及以上	40.8	5.6
家庭年收入	1 万元以下	65.1	12.1
	1 万~3 万元	60.3	11.0
	3 万~5 万元	46.6	7.0
	5 万元以上	33.5	5.1
占总样本比重（%）		58.7	10.5
样本数（份）		1 508	271

四、经济激励政策对全体师范生乡村从教意愿影响的 Logit 模型估计

（一）模型估计结果及检验

以师范生乡村从教意愿为因变量 $Y1$，采用极大似然估计（ML）的方

法估计 Logit 模型，变量的进入采用阶层回归的方法：第一层引入个体特征变量，控制个体特征对从教意愿的影响；第二层引入家庭因素，控制家庭层面的变量的影响；第三层引入乡村厌恶度；第四层引入核心自变量经济激励政策，如此可以更好地控制其他变量的影响，进而估计核心自变量经济激励政策对师范生从教意愿的净影响。

估计结果（见表4.5）表明，4 个 Logit 模型均在1%的显著性水平下通过了检验，表明模型的拟合优度较好，预测精确度为73.8%。在控制了个体因素、家庭因素与乡村厌恶度因素后，经济激励政策因素解释了因变量的3.1%。其他控制因素中，家庭因素是影响师范生从教意愿的主要因素。

以师范生长期从教意愿 Y_2 为因变量，构建影响师范生长期从教意愿的 Logit 模型，变量的引入仍采用阶层回归的方法，与 Y_1 的估计采用相同的变量，模型估计结果见表4.6。

估计结果表明，经济激励对师范生长期从教意愿 Y_2 的影响模型的估计结果也在1%的显著性水平下通过了检验，表明模型估计有效。在控制了个体特征、家庭特征和乡村厌恶度之后，经济激励政策对师范生从教意愿仍具有显著性影响。

（二）不同经济激励政策因素的影响效应分析

1. 《乡村教师支持计划》对师范生赴乡村从教及长期在乡村任教均有显著、积极的影响

师范生若知晓国家的《乡村教师支持计划》，那么其从教意愿要比不知晓的师范生高22.2%。同样，《乡村教师支持计划》对师范生的长期从教意愿也有显著影响，知晓该政策的师范生的从教意愿比不知晓该政策的高33.5%。这一实证结果表明，该项政策能够对师范生赴乡村从教有一定的激励和鼓舞作用，因其明确释放了国家支持青年投身乡村教育事业的信号，从而提高了广大师范生的从教意愿。

表 4.5 经济激励政策对师范生乡村任教意愿影响的 Logit 估计

	模型一		模型二		模型三		模型四	
	β	Exp(β)	β	Exp(β)	β	Exp(β)	β	Exp(β)
个体特征 (I)								
性 别	0.061	1.063	-0.117	0.889	-0.106	0.900	-0.098	0.907
民 族	0.686***	1.986	0.621***	1.861	0.603***	1.827	0.566***	1.761
学业成就								
排名上等	0.204	1.226	0.202	1.224	0.217	1.242	0.051	1.052
排名中等	0.138	1.148	0.074	1.077	0.086	1.090	-0.046	0.955
是否独生子女	-0.683***	0.505	-0.243*	0.784	-0.252*	0.778	-0.204	0.815
家庭因素 (F)								
户 籍			0.197**	1.218	0.201	1.222	0.242**	1.274
父亲受教育程度								
高中及中专			-0.349***	0.705	-0.343***	0.709	-0.366***	0.693
大专及以上			-0.440**	0.644	-0.440**	0.644	-0.457***	0.633
家庭年收入								
1万元~3万元			-0.003	0.997	0.001	1.001	0.038	1.039
3万元~5万元			-0.432***	0.649	-0.419***	0.657	-0.447***	0.639
5万元以上			-0.628***	0.534	-0.616***	0.540	-0.502***	0.606
父母中是否有教师			0.054	1.056	0.051	1.052	0.083	1.086

续表

	模型一		模型二		模型三		模型四	
	β	Exp(β)	β	Exp(β)	β	Exp(β)	β	Exp(β)
家人是否支持			2.165***	8.718	2.168***	8.745	2.129***	8.409
乡村厌恶度（R）								
办学条件差					0.081	1.084	0.107	1.113
经济发展水平低			−0.234**	0.791	−0.230**	0.794		
多学科教学负担重			0.044	1.045	0.034	1.034		
子女教育问题突出			−0.269***	0.764	−0.256**	0.774		
交通非常不便利			0.253**	1.288	0.260**	1.297		
经济激励政策（X_p）								
月收入期望值底线					−0.097***	0.908		
乡村教师生活补助政策					0.845***	2.329		
乡村教师支持计划政策					−0.252*	0.778		
学费补偿和贷款代偿政策					0.264***	1.302		
助学贷款							0.309	1.362
对数似然值	3 375.469***		2 782.451***		2 767.789***		2 689.271***	
Nagelkerke R^2	0.054		0.320		0.326		0.357	
预测精确度	60.7%		72.4%		73.1%		73.8%	
ΔNagelkerke R^2			0.266		0.006		0.031	

注：模型采用多项逻辑回归，以西部地区高校师范生乡村任教为参照，***，**，* 分别表示在1%、5%、10%的水平上显著。

表 4.6　经济激励对师范生长期乡村任教意愿的阶层 Logit 估计

	模型一		模型二		模型三		模型四	
	β	Exp (β)	β	Exp (β)	β	Exp (β)	β	Exp (β)
个体特征 (I)								
性别	1.023***	2.782	0.952***	2.591	0.965***	2.625	0.970***	2.637
民族	0.325**	1.384	0.215	1.240	0.209	1.233	0.255**	1.290
学业成就								
成绩排名上游	0.352	1.422	0.337	1.401	0.339	1.404	0.313	1.368
成绩排名中游	0.300	1.349	0.289	1.335	0.297	1.345	0.281	1.324
是否独生子女	−0.657***	0.519	−0.215	0.807	−0.218	0.804	−0.258	0.772
家庭因素 (F)								
户籍			0.488***	1.628	0.508***	1.661	0.509***	1.663
父亲受教育程度								
高中及中专			−0.215	0.806	−0.230	0.795	−0.250	0.779
大专及以上			0.053	1.054	0.071	1.073	0.059	1.061
家庭年收入								
1万~3万元			−0.003	0.140	1.150	0.135	1.145	0.104
3万~5万元			−0.256	0.774	−0.241	0.785	−0.320	0.726
5万元以上			−0.242	0.785	−0.228	0.796	−0.283	0.754
父母中是否有教师			−0.868*	0.420	−0.910*	0.403	−0.926*	0.396

续表

	模型一		模型二		模型三		模型四	
	β	Exp (β)	β	Exp (β)	β	Exp (β)	β	Exp (β)
家人是否支持			1.319***	3.740	1.308	3.698	1.253***	3.502
乡村厌恶度（R）								
学校办学条件差					-0.046	0.955	0.107	1.113
经济发展水平低					-0.132	0.876	-0.230**	0.794
多学科教学负担重					0.303**	1.354	0.034	1.034
子女教育问题突出					-0.195	0.823	-0.256**	0.774
交通非常不便利					-0.059	0.942	0.260**	1.297
经济激励政策因素（X_p）								
月收入期望值底线							-0.021	0.979
乡村教师生活补助政策							-0.139	0.870
乡村教师支持计划政策							0.289*	1.335
乡村任教的学费补偿和贷款代偿政策							0.538*	1.713
助学贷款							-0.180	0.835
对数似然值	1 656.560***		1 535.389***		1 529.431***		1 510.904***	
Nagelkerke R^2	0.058		0.150		0.154		0.167	
ΔNagelkerke R^2			0.092		0.004		0.013	
预测精确度	89.4%		89.4%		89.4%		89.5%	

2. 乡村教师生活补助政策对师范生赴乡村从教的意愿有显著、积极的影响，但对长期从教意愿影响并不显著

估计结果表明，知晓国家乡村教师生活补助政策的师范生选择乡村从教的概率是不知晓该政策师范生的 1.32 倍，但对该政策的知晓度对师范生长期在乡村从教的意愿并没有显著影响。

3. 学费补偿和贷款代偿政策对师范生赴乡村从教意愿有显著、积极的影响

知晓赴乡村任教可以获得学费补偿和贷款代偿政策的师范生的从教意愿比不知晓该政策的概率要高 30.2%；此外，前者在乡村长期从教的意愿比后者要高 71.3%。

4. 月收入期望底线对师范生的乡村从教意愿具有显著的负向影响

师范生对月收入的期望直接影响了他们的从教意愿。估计结果表明，月收入期望底线越高，师范生赴乡村从教的意愿越低。月期望底线每提高 1 000 元，师范生赴乡村从教的意愿降低 9.2%。

（三）其他因素的影响效应分析

1. 个体因素中的性别、民族、是否独生子女等对师范生赴乡村从教的意愿有显著影响

估计结果表明，不同性别的师范生赴乡村从教的意愿并没有显著差异，但性别变量对师范生在乡村长期任教的意愿却有显著影响：男师范生愿意长期在乡村任教的概率是女师范生的 1.78 倍。与汉族学生相比，少数民族师范生更愿意去乡村从教并愿意长期任教，其选择赴乡村从教概率发生比汉族学生高 98.6%。与独生子女相比较，非独生子女师范生更愿意去乡村从教。例如，笔者在对渭南师范学院一名即将毕业的大四艺术专业女生的访谈中，她表示自己是独生子女，父母不会让她去西部地区乡村任教，因为西部地区偏远，离家较远。付卫东和付义朝（2015）的研究同样证实了上述结论。此外，不同学业成就的师范生在乡村从教意愿及长期在乡村任教意愿上的差异并不显著，这表明学业成就水平并不是影响师范生

从教意愿的重要因素。

2. 家庭因素中的户籍、父亲受教育程度、家庭年收入、家人态度等对师范生赴乡村从教的意愿有显著影响

农村户籍的师范生更愿意去乡村从教，其选择赴乡村任教的概率比城市户籍的师范生高 21.8%，其选择在乡村长期任教的概率比城市户籍的师范生高 62.8%。徐国兴等（2015）的研究也表明，农村师范生对农村的切身感受和了解更多，也更愿意回到农村工作。父亲受教育程度对师范生赴乡村任教的意愿有显著的负向影响，即父亲受教育程度越高，其子女选择赴乡村任教的意愿越低。家庭年收入对师范生赴乡村任教的意愿也具有显著影响，且影响效应为负，即家庭年收入越高的师范生，越不会选择去乡村任教。以家庭年收入 1 万元及以下的家庭作为参照组，来自年收入 3 万~5 万元家庭的师范生的赴乡村从教意愿比参照组低 35.1%，来自年收入 5 万元以上家庭的师范生的赴乡村从教意愿比参照组低 46.6%。但是，家庭年收入变量对师范生在乡村工作 3 年以上的意愿并无显著影响。此外，家人态度也是影响师范生从教意愿的主要因素，如果师范生的家人支持子女去乡村任教，那么其选择赴乡村从教的概率要比其他师范生高 7.7 倍，其选择长期在乡村任教的概率比其他师范生高 2.7 倍。至于父母职业中是否有教师这一点，对师范生赴乡村从教意愿的影响并不显著。

3. 乡村厌恶度中的经济发展水平低、子女教育环境不理想、交通不便利、职业压力大这几个变量对师范生从教意愿有显著的负向影响

师范生对乡村的厌恶度越高，心理保留价格越高，其从教意愿也越低。模型估计结果显示，乡村经济发展水平越低，师范生来此从教的意愿就越低。子女教育问题也是师范生考虑是否赴乡村从教的主要因素之一，估计结果显示，因担心子女将来的教育问题，师范生赴乡村从教的意愿会下降 23.6%。乡村的交通不便利也对师范生赴乡村从教的意愿有显著的负向影响，考虑到该因素，师范生赴乡村从教的意愿降低 28.8%，长期从教

意愿则降低 5.8%。现实中，乡村交通的不便利性确实增加了教师与外界交流沟通的成本。笔者访谈过的陕西商洛某小学的一位教师表示，他家住县上，每周一早上来学校上课，周五下午回县里，这将使他付出额外的交通费用和时间，但并没有额外的补贴。职业压力大对师范生长期在乡村任教的意愿也有显著的负向影响，考虑到这一因素，师范生的长期从教意愿概率会降低 35.4%。同样，据笔者访谈过的陕西商洛某小学的一位教师表示，通常情况下，每位教师都兼任其他非本专业的学科，如音乐老师还兼历史课等科目，体育老师则兼英语课等；同时还有很多学生作业需要批改，还要轮流值班，工作负担很重。

五、经济激励政策对艺体类师范生乡村从教意愿的影响分析

由于乡村学校的音体美教师格外短缺，因此本书又进一步分析了艺体类专业学生赴乡村从教意愿的影响因素。在本次调查样本中有 841 名学生的专业为艺术或体育，其中 61.7% 的学生愿意赴乡村从教，12.0% 的学生愿意在乡村任教 3 年以上。那么，经济激励政策能否对艺体类师范生的乡村从教意愿以及长期从教意愿产生影响？哪种激励政策的影响效应更大？对此，本书采用了极大似然法（ML），先以艺体类师范生的从教意愿为因变量，经济激励政策为自变量，构建西部院校艺体类师范生赴乡村从教意愿的二元 Logit 模型。然后，以艺体类师范生愿意在乡村从教 3 年以上为因变量，以经济激励政策为自变量，以个体特征、家庭特征与乡村厌恶度为控制变量，构建西部院校艺体类师范生长期任教乡村意愿的二元 Logit 模型。

（一）模型估计结果及检验

Logit 估计结果（见表 4.7）表明，经济激励对艺体类师范生赴乡村从教意愿和在乡村长期任教意愿影响的模型整体拟合度较好，所有模型都在 1% 的显著性水平下通过了检验，能够预测 Y_1 因变量 76.6% 的差异和 Y_2 因变量 87.2% 的差异。

表 4.7　经济激励对艺体类学生乡村从教意愿的影响

	从教意愿		长期从教意愿	
	β	Exp（β）	β	Exp（β）
个体特征（I）				
性别	0.032	1.033	0.889	2.433***
民　族	−0.065	0.937	0.102	1.107
是否独生子女	−0.747	0.474***	−1.423	0.241**
家庭因素（F）				
户籍	0.262	1.299	0.143	1.154
父亲受教育程度				
高中及中专	−0.680	0.507	−0.336	0.714
大专及以上	0.060	1.061	−1.103	0.332
父母中是否有教师	−0.377	0.686	−0.361	0.697
家庭年收入				
1 万~3 万元	0.319	1.376	0.310	1.363
3 万~5 万元	−0.516	0.597*	−0.320	0.726
5 万元以上	0.201	1.222	1.296	3.653***
家人是否支持	2.507	12.273***	1.264	3.540***
乡村厌恶度（R）				
办学条件差	−0.067	0.936	0.118	1.125
经济发展水平低	−0.175	0.839	−0.424	0.654
多学科教学负担重	−0.106	0.899	0.184	1.202
子女教育问题突出	−0.125	0.883	−0.059	0.943
交通非常不便利	0.565	1.759***	−0.272	0.762
工资与政策因素（X_p）				
月收入期望值底线	0.000	1.000	0.000	1.000
乡村教师生活补助政策	0.651	1.918**	0.473	1.604
乡村教师支持计划政策	−0.751	0.472**	0.057	1.058
学费补偿和贷款代偿政策	0.800	2.226***	0.116	1.123
助学贷款	0.347	1.415*	0.070	1.072

续表

	从教意愿		长期从教意愿	
	β	Exp (β)	β	Exp (β)
对数似然值	788.931 ***		496.930 ***	
Nagelkerke R^2	0.435		0.255	
预测精确度	0.766		0.872	

注：***，**，*分别表示在1%、5%、10%的水平上显著。

（二）不同经济激励政策因素的影响效应分析

第一，《乡村教师支持计划》对艺体类师范生赴乡村从教的意愿有显著的正向影响。其若知晓《乡村教师支持计划》，则赴乡村从教的概率比不知晓该政策的高52.8%。

第二，乡村教师生活补助政策对艺体类师范生赴乡村从教的意愿也具有显著的正向影响。其若知晓乡村教师生活补助政策，则愿意去乡村从教的概率比不知晓该政策的高91.8%。

第三，学费补偿和代偿政策对艺体类师范生赴乡村从教的意愿也有显著、积极的效应。其若知晓学费补偿和代偿政策，则更愿意去乡村从教，从教概率也比不知晓该政策的高123%。

第四，是否获得助学贷款也对艺体类师范生赴乡村从教的意愿有显著影响。其若在读书期间获得过学校助学贷款，则更愿意去乡村从教，从教概率发生比也比未曾获得助学贷款的高41.5%。但是，是否获得助学贷款对在乡村长期从教的意愿并无显著性影响。

第五，月收入期望底线对艺体类师范生赴乡村从教的意愿没有显著影响。月收入期望值的高低之所以没有影响到艺体类师范生赴乡村从教的意愿，可能的原因是艺体类师范生在学习过程中的培训投资、乐器投资、艺术耗材投资等方面个体差异较大，因此对未来收入的期望值也有较大的差异，与其从教意愿之间并无显著相关性。

（三）其他因素的影响效应分析

1. 个体因素中，是否独生子女和性别变量对艺体类师范生赴乡村从教的意愿有显著影响

与其他师范生样本的分析结果一致，非独生子女艺体类师范生更倾向于去乡村从教，这与独生子女艺体类师范生的择业选择之间存在显著性差异。非独生子女艺体类师范生去乡村从教的概率比独生子女艺体类师范生高42.3%，其长期在乡村任教的概率也比后者高75.9%。性别变量只对艺体类师范生在乡村长期任教的意愿有影响。不同性别的艺体类师范生在赴乡村从教的意愿方面并没有体现出显著差异，但在乡村任教3年以上的意愿方面存在显著性差异：相比女性，男性更愿意在乡村任教3年以上。

2. 家庭因素中，家庭年收入和家人是否支持是两个主要影响因素

家庭年收入越高的艺体类师范生越不愿意选择赴乡村从教，其中家庭年收入在5万元及以上的艺体类师范生赴乡村从教的意愿最低（比家庭年收入为1万元的师范生的从教意愿发生比低260%）。与全体师范生样本不一致的是，户籍、父亲受教育程度、父母是否担任教师这几个变量对艺体类师范生赴乡村从教的意愿并没有显著影响。

3. 乡村厌恶度中，只有交通条件这一因素对艺体类师范生赴乡村从教的意愿有影响，来自其他因素的影响则不显著

如果艺体类师范生考虑乡村交通条件不便利这一因素，那么其赴乡村从教的意愿则会降低75.9%。此外，乡村厌恶度中的其他几个变量都对艺体类师范生赴乡村从教的意愿没有显著影响。

六、研究结论

第一，超过半数的西部院校师范生愿意赴乡村从教，但只有少部分愿意在乡村任教3年以上。样本调查结果显示，有58.7%的师范生表示愿意赴乡村从教，但只有10.5%的师范生回答愿意在乡村任教3年以上。这意味着，总体来看，有超过一半比例的师范生愿意毕业后去乡村从教，但多数师范生只愿意在乡村任教 3 年以内，并没有打算在乡村长期工作。

第二，《乡村教师支持计划》这一政策对师范生总体（包括艺体类师范生）的赴乡村从教的意愿有显著的正向影响，且该政策对师范生总体在乡村长期任教的意愿也有显著的正向影响。师范生若知晓《乡村教师支持计划》，那么其赴乡村从教的意愿要比不知晓的要高 22.2%（其中，艺体类师范生若知晓《乡村教师支持计划》，则其赴乡村从教的概率比不知晓的要高 52.8%）；同时，前者有在乡村长期任教意愿的概率也比后者高 33.5%。这一实证结果表明，该项国家政策对师范生服务乡村教育事业有一定的激励和鼓舞作用，它明确释放了国家支持青年投身乡村教育事业的信号，从而提高了师范生赴乡村从教，扎根乡村教育的意愿。

第三，乡村教师生活补助政策对师范生全体（包括艺体类师范生）赴乡村从教的意愿也有显著、积极的影响，但对其长期在乡村任教意愿的影响则不显著。估计结果表明，知晓乡村教师生活补助政策的师范生选择赴乡村从教的概率是不知晓该政策师范生的 132%（其中，艺体类师范生若知晓乡村教师生活补助政策，则其愿意去乡村从教的概率比不知晓该项政策的艺体类师范生高 91.8%）。但是，师范生对该政策的知晓度对其长期在乡村任教的意愿没有显著影响。

第四，学费补偿和贷款代偿政策对师范生赴乡村从教的意愿和在乡村长期任教的意愿均有显著的正向影响，其中，是否获得助学贷款对艺体类师范生赴乡村从教的意愿影响显著。那些知晓赴乡村从教可以获得学费补偿和贷款代偿政策师范生的从教意愿比不知晓该政策的师范生要高 30.2%（其中，知晓该政策的艺体类师范生更愿意去乡村从教，其从教概率比不知晓的要高 123%）。此外，知晓该政策的师范生在乡村长期任教的意愿比不知晓该政策的要高 71.3%。

第五，经济激励中，师范生月收入期望底线对其赴乡村从教的意愿比较普遍的存在显著的负向影响，但对其在乡村长期任教意愿的影响则不显著，此外，对艺体类师范生赴乡村从教意愿的影响也不显著。总体来看，师范生对月收入的期望值直接影响了他们的从教意愿。估计结果表明，师范生的月收入期望底线越高，其赴乡村从教的意愿越低：月收入期望底线每提高1 000元，其赴乡村从教的意愿就降低9.2%。但是，月收入期望值的高低并没有影响艺体类师范生赴乡村从教的意愿，可能原因是艺体类师范生在学习过程中的培训投资、乐器投资、艺术耗材投资等方面个体差异较大，因此其对未来收入的期望值也有较大差异，与其赴乡村从教的意愿之间并无显著相关性。

第六，其他影响师范生赴乡村从教意愿的主要因素有民族、户籍、家庭年收入、父亲受教育程度、家人是否支持、子女教育问题、乡村经济发展水平、乡村交通条件等（其中，影响艺体类师范生赴乡村从教的其他因素有是否独生子女、家庭收入、乡村交通条件等）。同时，影响师范生长期在乡村任教的因素有性别、民族、户籍、家人中是否有教师、子女教育问题、乡村经济发展水平、乡村交通条件等。

参考文献

[1] PROFFIT A C, SALE R P, ALEXANDER ANN E, et al. The Appalachian model teaching consortium：a community and learning model for rural Appalachian teacher preparation [J]. Adult Students,2002(26):15.

[2] MONK D H. Recruiting and retaining high－quality teachers in rural areas [J]. The Future of Children,2007,17(1):155－174.

[3] BEESON E, STRANGE M. Why rural matters, 2003：the continuing need for every state to take action on rural education [J]. Journal of Research in Rural Education,2000,18(1):3－16. [EB/OL]. [2023－03－23]. http://www. ruraledu. org /streport/pdf /WRM_2003. pdf.

[4] GRENFELL M , JAMES D . Change in the field-changing the field：bourdieu and the methodological practice of educational research [J]. British Journal of Sociology of Education,2004,25(4):507－524.

[5] COLLINS T. Rural schools and communities：perspectives on interdependence [EB/OL]. [2023－04－21]. 2001,http://www. ael. org/page. htm? &pd=1&pd=1&wcd=ele5584&so=p.

[6]付卫东,付义朝.地方师范生享受免费教育及农村从教意愿的影响因素:基于全国30所地方院校的调查[J].河北师范大学学报(教育科学版),2015(1):114-120.

[7]姜金秋,杜育红.西部农村学校教师的供求与激励:基于补偿性工资差别理论的分析与验证[J].教师教育研究,2012,24(1):35-41.

[8]李桂荣,谷晓霞.农村籍学生接受高等教育的个人成本与收益分析:基于山西省怀仁县海北头乡的调查研究[J].教育研究,2012(7):15-21.

[9]吴明隆.问卷统计分析实务:SPSS操作与应用[M].重庆:重庆大学出版社,2010:436-439.

[10]王维虹.特岗教师期待多元支持:基于对重庆市新任特岗教师的调查研究[N].中国教育报,2013-03-25(3).

[11]徐国兴,谢安邦,刘海波.师范毕业生的从教意向及其影响因素研究:以X大学为例[J].教师教育研究,2015,27(5):8-13.

[12]张源源,邬志辉.我国农村青年教师的社会来源与职业定位研究:基于全国东中西9省18县的调查分析[J].教师教育研究,2015,27(4):40-45.

第五章 经济激励政策对乡村教师留任意愿的影响

——基于 2018 年连片贫困地区859 名教师的调查

连片特困乡村地区的教育发展，既是国家教育扶贫的重点工作，又是推进全面建成小康社会的迫切要求。然而，乡村相对落后的工作环境、多学科的教学压力、公共设施少、远离经济文化中心等现实条件制约了优质教师资源在乡村的集聚。为破解这一难题，2013 年《关于落实 2013 年中央 1 号文件要求 对在连片特困地区工作的乡村教师给予生活补助的通知》（以下简称"教师生活补助政策"）中明确要求各县级政府对在连片特困地区的乡、村学校以及教学点工作的乡村教师给予一定的生活补助。2015 年颁布的《乡村教师支持计划》中再次强调要进一步落实乡村教师生活补助政策，并鼓励各地区制定针对乡村教师的激励政策。那么，乡村教师生活补助政策在连片贫困地区的落实情况如何？补助对象和标准是如何确立的？更为关键的是，该项政策能否起到吸引和保留优秀人才扎根乡村任教的效果？基于上述问题，2018 年本书对连片贫困地区三个县的 859 名乡村教师开展抽样调研，实证分析乡村教师生活补助政策的落实情况及其对教师留任意愿的影响；基于研究结果，本书尝试对其他乡村地区推广和完善该政策提出相应的建议。

一、经济激励政策对教师留任意愿的影响机制

实施经济激励政策的一个重要目标就是：吸引和保留更多的优秀乡村教师扎根连片贫困地区学校工作。但由于教师流动和流失的数据较难获得，并且很难从中剥离出政策的影响效应，因此本书采用教师的留任意愿来反映教师的流动倾向，并基于这一点来重点评价教师生活补助政策对在职乡村教师留任意愿的影响效应。

那么，经济激励政策如何影响乡村教师的留任意愿呢？结合经济学和公共政策学相关理论，本书认为二者之间可能存在三种作用机制（见图5.1）。

第一，根据补偿性工资差别理论[3]，教师的效用由学校所提供的货币收入与工作特征两个方面共同决定。若工作特征较差学校的实际工资为

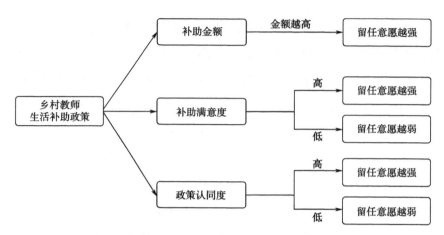

图 5.1　乡村教师生活补助政策对其留任意愿的影响机制

W_1，工作条件较好学校的实际工资为 W_0，则定义 $\Delta W = W_1 - W_0$，表示教师如果在工作特征较差学校中工作将获得的额外奖励，即补偿工资。定义 Z 为教师的心理保留价格，即让该教师去原本不愿意去的工作条件较差的学校，需要向其支付最低为 Z 的额外收入。当 $\Delta W > Z$ 时，表明艰苦地区可支付的工资超过了该教师所要求的额外工资补偿，其也会更有意愿选择去艰苦地区任教；相反，若 $\Delta W < Z$，则该教师将更有意愿选择去非艰苦地区工作；假如 $\Delta W = Z$，则教师将随机做出选择。根据补偿性工资差别理论提出假设 H1。

研究假设 H1：支付给乡村教师的补偿工资越高，即生活补助金额越高，越可能超过教师的心理保留价格，教师的留任意愿越强。

第二，从满意度的视角分析生活补助满意度对留任意愿的影响。满意度是感知绩效（perceived performance）和期望（expectations）之间的差异函数（cardoz，1965）[1]，这一定义从心理学角度解释了满意度的内涵，同时也对满意度的实际测定与分析提供了理论支持。目前，有关满意度测评和分析的研究已形成了成熟完整的体系，并在现实中广泛应用于企业产品和服务质量的改进。公共政策是由政府提供的公共产品，也适用于满意度分析[4]。因此，本书将满意度的概念引入乡村教师生活补助政策的分析框架中，并将乡村教师生活补助满意度定义为：教师个体对乡村教师生活补助政策的期望及其实际感受之间的差异。政策受益方——乡村教师个体对该补助政策的满意度越高，说明其对该政策的期望值和实际感受越一致，也说明该政策的实施效果越好。据此提出假设 H2。

研究假设 H2：乡村教师对生活补助政策的满意度越高，其留任意愿越强。

第三，从政策认同的视角分析其对留任意愿的影响。认同（identity）是指行为主体对某一事物的认可与赞同。政策认同就是政策主体对政策的认可与赞同[6]。本质上看，政策认同是人们在政策执行中对所实施政策的一种心理态度和评价。政策认同在政策执行过程中具有极为重要的作用，只有政策相关主体对政策内容有了全面正确的认知并在此基础上形成政策认同，政策才有可能得到贯彻实施，也才能对主体的行为产生影响。学者斯诺（Snow）认为，"在任何高度复杂的组织中，要想使任何决策得以贯彻执行，必须调动各个层次的人员。他们的决心、积极性和认可（避免消极抵抗）决定一项决策能否及时得到贯彻"[2]。从政策认同的角度，提出假设 H3。

研究假设 H3：乡村教师对生活补助政策的认同度越高，其留任意愿就越强。

二、数据来源与研究方法

（一）数据来源

2018 年 6 月，笔者及所在课题组采用多阶段分层抽样的方法，以国务院扶贫办所列的 14 个连片贫困地区县市名单为抽样框，选取了秦巴山区、乌蒙山区、滇桂黔石漠化区中的三个县作为调研对象，并在这三个县内根据学校所在地位置（县城周边、较偏远乡镇和最偏远乡镇）确定了抽样学校名单，抽样学校的教师采用整群抽样的方式参与了调查，共发放问卷 1 000份，剔除漏答关键信息及出现错误信息的问卷，有效问卷 859 份，有效问卷比例达到 85.9%。此外，笔者及所在课题组还去了调研县进行了实地考察，与县教育局相关负责人（分管基教、财务、人事等）、学校校长、教师等进行了深入访谈，了解政策实施情况及存在的问题。

（二）样本特征描述

1. 个体特征

本次调查中，调查对象中男女教师比例较为均衡，但总体来说还是以女教师居多，占总数的 54%；从年龄分布来看，调查对象的平均年龄在 41 岁左右；已婚的调查对象占比达到 81.91%；多数调查对象没有子女或有 1 个 18 岁以下的子女，占比 80.50%；教师类型方面，有编制的正式教职工占比达到 86.24%；学历方面，调查对象中以大专学历居多，占比 79.85%（见表 5.1）。

表 5.1 教师样本的个体特征描述

变量	分类	人数	百分比
性别	男	395	46.00%
	女	464	54.00%
年龄	50 岁以上	131	15.27%
	30~50 岁	148	17.23%
	30 岁以下	580	67.50%
婚姻状况	已婚	704	81.91%
	未婚等其他	155	18.09%
未成年子女数	0~1	691	80.50%
	2 个及以上	168	19.50%
教师类型	正式教职工	741	86.24%
	其他	118	13.76%
学历	中专/高中及以下	110	12.78%
	大专	686	79.85%
	本科及以上	63	7.37%

2. 教师的学校分布特征

调查的样本中，小学教师比例较高，共 677 人，占比 78.8%；从教师学校所在地的分类来看，小学教师分布在县城周边、较偏远乡镇和最偏远乡镇的比例大体一致，分别为 32.1%、34.4% 和 33.5%。中学教师的工作地点则主要在县城周边，占比 72.5%（见表 5.2）。

表 5.2　调查问卷中的教师样本分布

学校类型		县城周边	较偏远乡镇	最偏远乡镇	合计
小学	教师数	217	233	227	677
	百分比	32.1%	34.4%	33.5%	100%
中学	教师数	132	44	6	182
	百分比	72.5%	24.2%	3.3%	100%

3. 教师生活补助与工资现状

调查结果表明，绝大多数乡村教师获得的生活补助在 200 元及以下，占比约 49.79%。在对生活补助的满意度方面，53.20% 的教师表示对生活补助水平不满意，24.49% 的教师则表示满意。另外，在学校所处位置与工资补贴的关系方面，29.47% 的教师认为向其提供的位置补贴比较合理；29.69% 的教师对此没有明确的意见，持不确定的态度；40.85% 的教师认为没有合理地为其提供位置补贴。详见表 5.3。

表 5.3　乡村教师生活补助发放情况

生活补助	分类	人数	百分比
补助金额	200 元及以下	243	49.79%
	200~300 元	191	39.14%
	300 元及以上	54	11.07%
补助满意度	不满意	457	53.20%
	不确定	192	22.32%
	满意	210	24.49%

生活补助	分类	人数	百分比
学校位置与工资补贴	不合理	351	40.85%
	不确定	255	29.69%
	合理	253	29.47%

工资收入方面，调查的教师样本中平均月工资收入为 4 415 元，51.9%的教师工资在 3 500~5 000 元之间；58.72%的教师对其工资水平不满意，22.10%的教师对其工资水平表示较为满意。在教师工资收入与公务员比较方面，86.13%的教师认为其工资水平与公务员相比较低，3.25%的教师认为其工资水平与公务员相比较高，10.62%的教师认为其工资水平与公务员相比基本一致。在对学校绩效考核方案满意度方面，43.66%的教师表示较不合理，30.55%的教师认为较为合理，25.79%的教师没有明确的态度。详见表5.4。

表5.4 乡村教师的工资待遇描述

变量	分类	人数	百分比
工资收入	2 000 元及以下	11	1.30%
	2 000~3 500 元	123	14.30%
	3 500~5 000 元	446	51.90%
	5 000 元及以上	279	32.50%
工资水平满意度	不满意	504	58.72%
	不确定	165	19.18%
	比较满意	190	22.10%
工资收入与公务员相比	较低	740	86.13%
	基本一致	91	10.62%
	较高	28	3.25%
学校绩效考核方案	较合理	262	30.55%
	不确定	222	25.79%
	较不合理	375	43.66%

（三）研究方法

本书关注的核心因变量——乡村教师的留任意愿是一个顺序测度的离散变量，采用概率模型是分析离散选择问题的理想估计方法。留任意愿按程度由低到高分成了五个类别，是超过两类的有序离散变量，因此笔者选择了有序Probit模型（Order Probit）作为分析工具。用有序Probit模型处理多类别有序离散数据是近年来应用较广的一种方法，其基本方法是假设存在一个不可观测的潜在变量y^*，y^*与解释变量存在线性关系，在随机误差项服从标准正态分布的假定下，利用极大似然估计法估计出模型中解释变量的系数。本书构建的乡村教师生活补助政策对教师留任意愿影响的有序Probit模型如式（5.1）所示：

$$Y_i = \alpha_0 + \alpha_1 X_i + \beta_i C_i + \varepsilon_i \tag{5.1}$$

其中，Y_i表示乡村教师的留任意愿，采用的测量题目是"我安心留在目前的学校从事乡村教育工作"，采用李克特（Likert）五分量表，选项从"完全不愿意"赋值为1，到"完全愿意"赋值为5。

X_i是解释变量的集合，根据前面的研究思路和假设，笔者选取了三个核心自变量：一是生活补助水平，采用的是填空题"您每月获得的乡村教师生活补助金额是＿＿＿＿＿＿（若没有请填0）"；二是生活补助满意度，测量题目为"您对获得的乡村生活补助满意吗？"答案从非常不满意到非常满意，赋值1至5；三是生活补助政策认同度，测量题目为"您认同本县的乡村教师生活补助政策（补助对象、划分标准和依据）吗？"答案从非常不认同到非常认同，赋值1至5。

C_i为控制变量的集合，结合国内外关于教师流动影响因素的研究，选取教师个体层面的变量，包括教师性别、年龄、婚姻状况、未成年子女数量、教师的最高学历、专业职称等。学校特征变量包括学校所在地的偏远程度、学校类型等。

表5.5为上述变量的定义及描述统计。

表 5.5 变量的定义及描述统计

类别	变量	变量定义	均值	标准差
因变量	留任意愿	非常不愿意＝1；不愿意＝2；不确定＝3；愿意＝4；非常愿意＝5	3.50	1.09
核心自变量	生活补助水平	单位：元/月	264.90	138.50
	生活补助满意度	非常不满意＝1；不满意＝2；不确定＝3；满意＝4；非常满意＝5	2.62	1.07
	补助政策认同度	完全不认同＝1；不认同＝2；不确定＝3；认同＝4；完全认同＝5	2.94	1.37
控制变量	性别	男＝1；女＝0	0.46	0.49
	年龄	单位：岁	38.06	8.88
	婚姻	已婚＝1；未婚＝0	0.833	0.37
	未成年子女数量	单位：个	0.84	0.74
	学历	初中及以下＝1；中专/高中＝2；大专＝3；本科＝4；硕士及以上＝5	3.61	0.60
	职称	未评职称＝0；小教二级＝1；小教一级＝2；小教高级＝3；中教三级＝4；中教二级＝5；中教一级＝6；中教高级＝7；	4.17	2.17
	学校类型	小学＝1；中学＝0	0.69	0.46
	学校位置（以县城周边为参照）较偏远乡镇	距离县镇40公里及以内＝1；其他＝0	0.28	0.45
	最偏远乡镇	距离县镇40公里以外＝1；其他＝0	0.23	0.42

三、经济激励政策的实施现状及问题

（一）调研县均已落实乡村教师生活补助政策，但部分教师并不知晓该政策

从实地调研来看，三个连片贫困地区的样本县均在 2015 年制定并落

实了乡村教师生活补助政策。但从教师问卷的统计来看，当问到教师"您所在的县是否为乡村教师发放生活补助?"，却有38.6%的教师回答并没有收到生活补助，这部分教师中有28.0%来自较偏远乡镇，有10.5%来自最偏远乡镇。在笔者及所在课题组的实地访谈中，也确实存在这种现象：教师们反映并不知道本县的教师补助政策，对自己的工资构成中是否有乡村教师生活补助这一项也不是很清楚，因为其所在的村完小或教学点并没有专门的财务人员，工资核算和发放统一由镇上的中心学校管理。这从一个侧面反映出调研县在教师补助政策的执行中宣传和普及不到位，教师们对政策的认知不足。乡村教师生活补助政策作为一项教育政策，在被制定出来以后就应该有效执行，而有效执行要求政策执行者通过相关组织机构，运用各种政策资源，采取解释、宣传、实验、实施、协调与监控等各种行动，将政策内容转化为实际效果，从而使既定政策目标得以动态实现[5]。

（二）县域间生活补助实施对象和划分依据有所不同

从政策实施对象来看，A县：给位于距离县城40公里以上且距离乡镇政府5公里以上的学校教师发放生活补助，而位于乡镇政府所在地附近学校的教师则不属于政策实施对象。B县：对乡镇及以下学校教师发放生活补助。C县：对乡镇及以下学校教师发放生活补助，重点向教学点、村小和艰苦地区倾斜。

从划分依据和类别标准来看，A县按其所在地距离县城、集镇的偏远程度，综合考虑学校的交通、生活和办学条件等因素，将学校划分为以下三类。一类学校：指距离县城60公里以上，同时距离镇政府所在地12公里以上的学校和教学点，补助标准为每人每月600元。二类学校：指距离县城50~60公里，同时距离镇政府所在地8~12公里的学校和教学点，补助标准为每人每月400元。三类学校：指距离县城40~50公里，同时距离镇政府所在地5~8公里的学校和教学点，补助标准为每人每月200元。

B县根据学校边远程度对乡村教师实行200~300元不等的乡村教师生活补助。C县根据乡镇、村、学校的艰苦、边远程度等因素，划分六个补助档次及标准，给予每人每月 300~800 元不等的生活补助。

由此可知，A 县的补助主要是给县、乡镇所在地以外的学校发放，且类别标准有一定差异；B 县则是向教师平均发放生活补助；C 县划分得更细，类别标准差距大，更强调向教学点、村小倾斜。

（三）超过半数的乡村教师对生活补助不满意，其所感知的补助水平和期望值之间存在一定差距

调查结果表明，样本群体中超过半数（51.7%）的教师对生活补助表示"不满意"或"非常不满意"，而"非常满意"的群体只占 2.8%。这意味着调研县中的乡村教师普遍对自己的生活补助水平不满意。由表 5.6 可知，从教师们填写的实际每月获得的生活补助水平来看，感知自己每月获得补助在 200 元以下的群体比例最高，占 45.17；接下来是 200~300 元之间的群体，占比 35.5%。当教师们被问及期望获得的乡村教师生活补助水平时，回答期望每月领取 500~1 000 元之间的群体比例最高，占 30%。由此可知，教师们实际感知的乡村教师生活补助水平较低，与期望获得的补助水平仍有一定的差距。笔者及所在课题组在对调研县教师的实地访谈中，也印证了这一结论，如 B 县有许多年轻教师表示，他们需要定期去县城购物、探亲或会友，目前的 200~300 元的补助并不足以弥补其交通成本。

表 5.6 为教师的实际生活补助水平和其所期望的生活补助水平。

表 5.6　教师的实际生活补助水平和所期望生活补助水平

生活补助范围	实际每月领取的生活补助		期望每月领取的生活补助	
	人数	百分比	人数	百分比
小于等于 200 元	243	45.17%	23	6.76%
大于 200 元，小于等于 300 元	191	35.50%	45	13.24%
大于 300 元，小于等于 500 元	24	4.46%	97	28.53%
大于 500 元，小于等于 1 000 元	18	3.35%	102	30.00%
大于 1 000 元	8	1.49%	73	21.47%
不清楚	54	10.04%	—	—

（四）教师对乡村教师生活补助政策认同度仍有待提高

调查结果显示，40.5%的教师认为本地的生活补助发放依据合理或完全合理，即多数教师对于本县的乡村教师生活补助政策的补助对象、划分依据和标准比较认同，认为学校越偏远越应获得更高的补助。但仍有23.2%的教师表示对该政策"不认同"或"完全不认同"，进一步分析发现，这部分群体主要是来自A县镇上学校的教师。这些教师认为自己也在乡村学校工作，按照国家政策同样应获得乡村教师生活补助，但本地政策却把他们排除在外，由此认为不合理。例如，访谈中一位A县某镇中学的老师说："我们镇距离县城60多公里，但是并没有一分钱的补助，就因为我们学校在镇上，而不在镇上学校的教师，有的能拿到每月600元的补助。但实际上，我们镇离县城很远，交通也不便利。对此，我们心理很不平衡。"

四、经济激励政策对教师留任意愿影响的模型估计

（一）模型估计结果

为了验证前面的三个研究假设，本书运用Stata软件对教师留任意愿进行了有序Probit模型估计，并分别引入核心自变量，模型的估计结果见表5.7。

模型1只引入三个核心自变量，估计结果表明：生活补助水平（X_1）对乡村教师的留任意愿没有显著影响。影响不显著的原因，可能是教师们感知到的乡村补助水平太低，低于其心理保留价格，因此无法对教师的留任意愿产生积极影响。生活补助满意度（X_2）对教师的留任意愿有显著的正向影响，即乡村教师对获得的生活补助越满意，即实际感知到的补助水平与期望获得的补助水平差距越小，其留任意愿也就越强烈。补助政策认同度（X_3）对教师的留任意愿也有显著正向影响，即教师们对当地补助的划分依据和标准越认同，就越可能感受到政策的激励和对乡村教师的认可，进而增强留任乡村的意愿。

模型 2、模型 3、模型 4 分别引入核心自变量生活补助水平（X_1）、生活补助满意度（X_2）和补助政策认同度（X_3），同时加入了个体特征和学校特征等影响教师留任意愿的控制变量，估计结果表明生活补助水平对其留任意愿没有显著影响，生活补助满意度和补助政策认同度则对乡村教师的留任意愿有显著的正向影响。控制变量中，年龄对乡村教师的留任意愿有显著的负向影响，这意味着越是年轻的教师越不愿意留在乡村任教；婚姻状况对乡村教师的留任意愿有显著的正向影响，说明已婚教师稳定性更强，更愿意扎根乡村工作。这与赵忠友和秦玉平（2016）[7]的研究结论一致。此外，职称对教师留任意愿有显著的负向影响，意味着职称越高的教师，其留任意愿越低。结合实地访谈情况来看，由于县城学校规模扩张，需要更多教师，因此许多乡村优秀教师评上了高级职称之后就往往会想办法调去县城工作，这也使得乡村学校的优秀教师更加匮乏。调研中有乡村校长表示"乡村学校似乎是新教师的练兵场，辛苦培养的骨干教师很快就流失到县城学校了"。谢华和段兆兵（2011）的研究也表明：农村学校流失的教师多为担任主要学科或紧缺专业、学历较高的骨干教师。另外，相对县镇周边学校而言，较偏远乡镇教师的留任意愿更低，更不愿意继续留在乡村任教。

表 5.7　模型估计结果

变量分类	解释变量	模型 1	模型 2	模型 3	模型 4	模型 5
核心自变量	生活补助水平（X_1）	0.000 1 (0.000 2)	0.000 03 (0.000 2)	—	—	0.000 2 (0.000 3)
	生活补助满意度（X_2）	0.323 2 *** (0.036 1)	—	0.334 1 *** (0.034 0)	—	0.304 7 *** (0.036 8)
	补助政策认同度（X_3）	0.147 6 *** (0.033 0)	—	—	0.218 3 *** (0.031 9)	0.156 5 *** (0.033 7)

续表

变量 分类	解释变量	模型1	模型2	模型3	模型4	模型5
控制 变量	性　别	—	−0.039 4 (0.076 8)	−0.020 3 (0.074 2)	−0.043 5 (0.074 5)	−0.012 8 (0.077 9)
	年　龄	—	0.014 2 ** (0.006 0)	0.013 1 ** (0.005 7)	0.013 6 ** (0.005 8)	0.014 7 ** (0.006 1)
	婚姻情况	—	0.214 7 ** (0.100 5)	0.105 8 (0.113 0)	0.2086 (0.112 6)	0.180 1 (0.117 1)
	未成年子女数量	—	−0.072 6 (0.054 5)	−0.046 9 (0.053 7)	−0.087 0 * (0.053 9)	−0.069 2 (0.055 2)
	学历	—	−0.068 7 (0.076 7)	−0.059 2 (0.725 9)	−0.079 2 (0.073 8)	−0.000 9 (0.078 1)
	职称	—	−0.049 8 ** (0.023 9)	−0.0354 * (0.0174)	−0.046 1 ** (0.023 4)	−0.037 4 * (0.020 2)
	较偏远乡镇	—	−0.150 2 * (0.091 1)	−0.063 8 (0.088 8)	−0.055 4 (0.089 0)	−0.064 6 (0.092 3)
	最偏远乡镇	—	−0.030 4 (0.104 9)	0.022 8 (0.103 3)	0.073 7 (0.103 9)	0.068 1 (0.106 6)
	学校类型	—	−0.044 6 (0.097 7)	−0.032 6 (0.094 0)	−0.104 3 (0.094 7)	−0.093 3 (0.099 5)
	N（样本数量） Pseudo R2 对数似然值	895 0.050 6 127.46	895 0.012 0 30.18	895 0.048 5 130.17	895 0.029 8 78.96	895 0.058 3 145.23
	Prob>chi2	0.000 0	0.000 0	0.000 0	0.000 0	0.000 0

注：*　、**　、*** 分别代表在10%、5%、1%的水平上具有显著性。

模型5同时引入三个核心自变量和所有的控制变量，估计结果仍与前四个模型估计结果一致，即生活补助水平对留任意愿没有显著性影响。生活补助满意度和政策认同度对教师留任意愿有显著性影响，研究假设 H2 和 H3 成立。

（二）稳健型检验结果

为进一步检验估计结果的稳健性，本文对数据又进行了分组估计（表5.8）：模型6至模型8分别对县城周边、较偏远乡镇和最偏远乡镇组的数据进行估计；模型9和模型10按学校类型分组，分别对小学和中学教师组进行估计。估计结果仍然与前面模型估计结果一致，表明模型估计具有稳健性，研究结论也具有一致性，即教师对乡村生活补助越满意，其留任意愿越强，研究假设H2成立；对生活补助政策越认同，其留任意愿越强烈，研究假设H3成立；而生活补助水平对留任意愿没有显著影响，研究假设H1不成立。

表5.8　稳健型检验的估计结果

核心自变量	模型6 （县城周边）	模型7 （较偏远乡镇）	模型8 （最偏远乡镇）	模型9 （小学）	模型10 （中学）
生活补助 水平（X_1）	0.000 4 (0.000 3)	0.000 3 (0.000 5)	−0.000 6 (0.000 9)	0.000 1 (0.000 3)	0.000 4 (0.000 5)
生活补助 满意度（X_2）	0.329 7 *** (0.065 3)	0.330 3 *** (0.068 5)	0.311 9 ** (0.070 5)	0.306 2 *** (0.042 8)	0.315 9 *** (0.073 69)
补助政策 认同度（X_3）	0.133 9 ** (0.062 7)	0.173 9 *** (0.061 7)	0.200 8 *** (0.066 6)	0.176 8 *** (0.040 4)	0.107 7 * (0.062 8)
控制变量	Yes	Yes	Yes	Yes	Yes
N（样本数量）	397	266	232	660	235
Pseudo R^2	0.113 1	0.065 3	0.087 2	0.065 6	0.065 1
对数似然值	99.28	49.31	58	122.2	40.59
Prob>chi^2	0.000 0	0.000 0	0.000 0	0.000 0	0.000 0

注：*、**、*** 分别代表在10%、5%、1%的水平上具有显著性。

五、研究结论

第一，调研县落实了乡村教师生活补助政策，但因政策宣传不到位，部分教师并不了解该政策或没有感知到自己其实已经获得了乡村教师生活补助；被调研的乡村教师平均获得的生活补助为每月200元左右，超过半数的教师对该生活补助水平并不满意，与其期望每月获得的500~1 000元补助水平有一定的差距。此外，不同的县在政策实施对象和划分依据等方面有差异，部分教师对本地政策的认同度仍有待提高。

第二，乡村教师的生活补助水平对教师留任意愿并没有显著性影响，研究假设H1不成立。可能原因是样本县教师普遍感知到的补助金额水平较低，低于其心理保留价格，因而难以影响教师的留任意愿。

第三，对生活补助的满意度对乡村教师的留任意愿有显著的正向影响，教师对补助水平越满意，其留任意愿越强烈，研究假设H2成立。表明教师们的留任意愿主要受主观满意度的影响，而不是受直接感知到的补助水平的影响。

第四，对补助政策的认同度对乡村教师的留任意愿也有显著的正向影响，表明如果教师更加认同补助政策的实施对象、划分标准和依据等，更能感受到补助政策对乡村教师的关注和鼓励，也就更愿意留在乡村任教，研究假设H3成立。

第五，其他影响因素中，年轻、未婚、高职称、未成年子女多、位于较偏远乡镇学校的教师更不愿意留在乡村任教。

参考文献

[1]RICHARD C N. An experimental study of customer effort, expectation, and satisfaction[J]. Journal of Marketing Research. 1965,2(3):244-249.

[2]F·尼格罗,L·尼格罗. 公共行政学简明教程[M]. 郭晓来,等译. 北京:中共中央党校出版社,1997:158.

[3]姜金秋,杜育红. 西部农村学校教师的供求与激励:基于补偿性工资差别理论的分析与验证[J]. 教师教育研究,2012,24(1):35-41.

[4]李锐,常然君. 满意度评估在公共政策评估课程中的应用[J]. 湖北工程学院学报,2015,35(5):90-94.

[5]孙绵涛.教育政策学[M].武汉:武汉工业大学出版社,1997:145.

[6]王国红.试论政策执行中的政策认同[J].湖南师范大学社会科学学报,2007(4):46-49.

[7]赵忠友,秦玉平.谁更想离开?:机会成本与义务教育教师流动意向的实证研究[J].教育与经济,2016(1):53-62.

第六章　如何留住乡村教师

——保健因素还是激励因素？

一、引言

乡村教师队伍建设是乡村教育发展的根基，乡村教师对促进落后贫困地区教育的发展起着至关重要的作用。《中国乡村教育发展报告（2019）》和《乡村教师支持计划》显示，乡村师资队伍正在向好的方向发展。但是毕竟贫困地区教师的招聘与保留仍然是世界性难题，乡村优秀在职教师的流失也使得我国一些乡村地区的教师队伍建设举步维艰。

为了降低乡村教师的离职倾向，我国政府制定并颁布了各种形式的教师聘用政策，如 2015 年颁布实施的《乡村教师支持计划》要求加强对边远贫困地区乡村教师的支持；2018 年《深度贫困地区教育脱贫攻坚实施方案（2018—2020 年）》进一步强调，要通过深入实施《乡村教师支持计划》来加强乡村教师队伍建设。既然我国采取了大量的乡村激励策略，那么乡村教师激励政策的效果如何呢？乡村教师支持政策是否对教师留任起到了积极影响呢？什么样的激励策略能够有效降低教师的离职倾向？基于上述思考，笔者及所在课题组于 2018 年 5 月对我国西部乡村学校工作的在职教师开展了问卷调查和深入访谈。

本次研究与以往研究的不同之处在于，一是将研究对象精准定位为在我国西部乡村学校工作的在职教师，做出这样的选择是出于现实性的考虑：西部乡村地区的学校地理位置偏远，加之经济发展相对缓慢，乡村在职教师的流失问题最具有代表性。二是依据赫茨伯格的激励—保健理论将制度因素分为保健因素和激励因素两大类，其中保健因素代表较低层次的需要，如生理和安全需要；激励因素代表较高层次的需要，如社会、尊重和自我实现的需要，以此验证、比较保健因素和激励因素对乡村教师离职倾向的不同影响[11]。三是由于乡村教师的不同个人特征使之会偏好不同的激励方式，因此本章将进一步检验教师个人特征在激励—保健因素与离职倾向之间的调节作用，从而为西部乡村教师的招聘与保留工作提供参考。

二、理论与假设

（一）双因素理论

双因素理论（即激励—保健理论）将工作动机分为两个因素：激励因素和保健因素[5]。其中，保健因素关系到一个人的基本生存需要，如奖励制度、工资和人际关系等。然而，这些因素并不能激励员工或带给员工满足感，它们只能防止不满足，只能使员工维持原有的工作效率和心理状态。激励因素则涉及成长需要，指的是工作本身等内在因素，如对工作完成的认可度、成就感、责任、进步等。这些因素代表了更高层次的需求，是提高工作满意度，从而增强工作动机的重要途径[4][12]。激励因素如果能够得到满足，员工不仅会感到满意，而且会提高工作积极性和工作效率；如果激励因素没有得到满足，它也不会像保健因素那样令员工产生严重不良情绪。

（二）研究假设

哪些因素会影响乡村教师的离职倾向？双因素理论认为，教师在选择教师职业时会受到与需求层次中的较低层次需求相关的保健因素（金钱、工作条件、人际关系、学校政策等），以及与较高层次需求相关的激励因素（提升、成就、责任等）的影响。综合来看，乡村教师离职倾向受到制度因素以及个体特征的双重影响，其中制度因素包括教师工资、工作条件以及政策的制定和实施等，个体特征包括性别、年龄、经验和能力等[3][22]。

1. 保健因素与离职倾向

根据赫茨伯格的双因素理论，保健因素代表较低水平的需求，当这些因素低于教师的接受水平时，教师就会对工作产生不满，甚至离职[11]。本书在对西部地区乡村教师进行调查的基础上，重点分析了乡村教师最关心的三个保健因素，即乡村激励政策、人事政策和教师薪酬。

（1）乡村激励政策。教师相关政策的制定和实施会影响教师的离职倾向，如良好的奖金、住房补贴和贷款减免等激励政策会降低教师的离职决定[17][18]。我国政府已经制定并颁布了多种形式的教师激励政策，如《贫困地区教师生活补助政策（2013 年）》、《乡村教师扶持计划》和《深度贫困地区教育扎实实施方案（2018—2020 年）》等，强调省、县政府要根据自身情况设计乡村教师的货币激励和非货币激励政策。但研究表明，由于我国不同地区之间存在较大财政差距，因而其补助标准也在 100～3 000 元/月之间不等。因此，乡村教师会对不同的激励措施做出相应的反应，即做出留任或离职决定。

（2）人事政策。人事政策也是影响乡村教师留任或离职决策的关键保健因素之一。教师更愿意选择在评价体系合理、绩效工资方案公平、有更多晋升机会的学校工作。此外，如果当地有灵活的乡村教师和城市教师互换工作岗位的政策，则乡村教师更有可能留在现任岗位上继续工作。

（3）教师薪酬。薪酬待遇对于乡村教师的职业选择、职业认同和职业发展具有关键影响。研究表明，较高的工资待遇会降低乡村教师的离职倾向，工资越高，教师愿意留任的时间越长[8]。20 世纪 80 年代以来，乡村教师的工资和补助由乡镇政府负责，贫困地区的乡村教师甚至无法每月按时领到工资，直到 2001 年教育改革将提供基础教育的责任转移到县级政府，这一问题才有所缓解。尽管如此，目前我国乡村教师的薪酬仍存在很大的县际差异[23]。另外，乡村教师虽然每月有一定的生活补助，但在发放生活补助时存在以下问题：补助水平吸引优秀师资到乡村边远地区任教的作用有限，补助问题加大了部分欠发达地区的县级财政负担，欠发达地区中的乡村边远地区在补助发放过程中容易成为被忽视的对象[27]，等等。因此，薪酬仍然是中国乡村教师最为看重的保健因素之一，提高薪酬水平可以有效降低教师的离职意愿[24]。

综上，本书提出研究假设 H1：

研究假设 H1：由乡村激励政策、人事政策和教师薪酬组成的保健因素与乡村教师的离职倾向呈负相关。

2. 激励因素与离职倾向

激励因素能够满足员工的个人心理和成长需求，是提高员工工作满意

115

度并降低离职倾向的重要途径，其中，提升、工作本身和成就是关键激励因素[11][21]。

（1）提升。培训能够促进员工成长，提供学习和专业发展的机会有助于留住员工[10]。因此，乡村学校通过提供培训、教学指导等内部成长机会，可以提高教师的教学技能，从而有利于降低教师的流失率。

（2）工作本身。工作本身通常是指员工与组织内外的客户或客户群的关系。乡村教师如果能与学生、学生家长、乡村社区等建立良好的关系，就会有动力留在学生身边，努力适应乡村的学校环境和生活环境。

（3）成就。当员工从工作角度获得自我成就和认可时，其职业满足感就会显现，并会继续选择从事目前的工作[7]。可见，认可员工的努力和贡献是吸引员工向组织承诺的一种有效且成本较低的方法。同理，给予教师尊重、认可和欣赏的学校的乡村教师离职率相对较低[14]。

上述讨论引出了研究假设 H2：

研究假设 H2：由提升、工作本身和成就组成的激励因素与乡村教师离职倾向呈显著负相关。

除上述制度因素外，个体特征的调节效应也在教师的留任或离职动机中发挥了重要的作用。受个人偏好、个体特征等因素的影响，教师的工作动机、工作满意度和离职倾向存在个体差异，性别、年龄、婚姻状况和教学科目等均可能对教师的离职意愿产生影响[1][19]。研究表明，在职业生涯初期，女教师比男教师有更强的流动意愿，但当教师的职业生涯处于中后期时，男教师和女教师的离职倾向逐渐趋于一致，教师的离职倾向随着教龄的增长而呈 U 形趋势[16]。学者杜屏研究了乡村中小学教师工资与流失意愿的关系，发现婚姻状况对教师离职意向有显著影响，其中对男教师和未婚教师的离职倾向影响更大[22]。由于乡村美术教师和英语教师普遍短缺，因此本书重点讨论这两个学科的激励、保健因素对教师离职倾向影响的调节效应，并为此提出如下假设：

研究假设 H3a：性别会调节保健因素与离职倾向之间的关系强度；

研究假设 H3b：性别会调节激励因素与离职倾向之间的关系强度；

研究假设 H4a：婚姻状况会调节保健因素与离职倾向之间的关系强度；

研究假设 H4b：婚姻状况会调节激励因素与离职倾向之间的关系强度；

研究假设 H5a：任教科目（美术和英语）会调节保健因素与离职倾向之间的关系强度；

研究假设 H5b：任教科目（美术和英语）会调节激励因素与离职倾向之间的关系强度。

详见图 6.1。

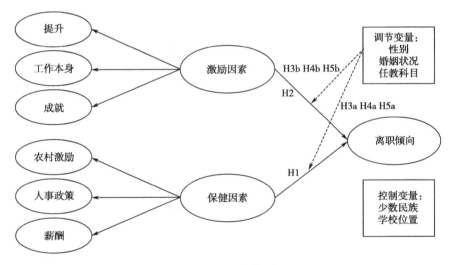

图 6.1　研究模型

三、数据来源与研究方法

（一）抽样方法与数据收集

笔者及所在课题组采用多阶段分层抽样方法，于 2018 年 5 月至 7 月实地调研了陕西省、贵州省、广西壮族自治区的三个经济欠发达县，对县教育局、校长和教师进行了小组访谈，并现场发放教师问卷共 1 000 份，回收有效问卷 973 份。

（二）研究对象

在所有有效问卷中，女教师 545 名（56%），男教师 428 名（44%），少数民族教师 788 名（81%）。教师的年龄主要集中在 34 岁及以下和 34~45 岁，其中，34 岁及以下的有 315 名（32.4%），34~45 岁之间的有 380 名（39.1%）。西部地区教师的教育水平普遍低于全国平均水平，包括 667 名具有本科学历的教师（68.6%）和 239 名具有专科学历的教师（24.6%），但只有 9 名具有研究生学历的教师，此外还有 644 名非骨干教师（66.2%）。详见表 6.1。

表 6.1　调查对象基本信息

		频率	百分比（%）
性别	男	428	44
	女	545	56
少数民族	是	788	81
	否	185	19
年龄	34 岁及以下	315	32.4
	34~35 岁	380	39.1
	46 岁及以上	278	28.6
教育水平	高中	58	6.0
	大专	239	24.6
	本科	667	68.6
	研究生	9	0.9
骨干教师	是	329	33.8
	否	644	66.2

（三）变量与测量

本书的 18 个测量题目都是从已有的文献中归纳总结而来的，并根据当前的研究进行了部分调整。所有项目都采用了 5 分的利克特量表（1＝强烈不同意；5＝强烈同意）。保健因素分为三个部分：乡村激励政策、人事政策、教师薪酬。乡村激励政策方面，根据西部大多数县制定的乡村激励政策进行测量，如"位置越偏远的学校，教师的工资补贴越高"等。三项人事政策参考了安斯阿（Anzia）和摩尔（Moe）的研究成果，并根据我国乡村教师的实际情况进行了修改，如"乡村教师职称的评定合理"等[17]。薪酬评估采用了学者瑞安（Ryan）提出的三个项目，并根据乡村教师的情况进行了调整，如"我对乡村教师生活补助水平感到满意"等[20]。

激励因素分为三个部分：提升、工作本身、成就。所有的激励因素都来自国内外文献，并根据目前的研究背景进行了调整，如"学校里有晋升的机会""我喜欢农村教学工作""我教的学生的家长都支持我的工作"等[11][25][26]。教师离开现在的学校或完全退出教师职业，代表了其离职倾向的两个方面[15]。另外，调节变量从个体变量中进行选择，如：性别（1＝男，0＝女），婚姻状况（1＝已婚；0＝未婚），美术教师（1＝是，0＝否），英语教师（1＝是，0＝否）。此外，本书选择少数民族和学校位置作为控制变量[28]。

四、研究结果

（一）测量模型信效度检验

本书采用高阶验证性因子分析（CFA）分别对量表的信度和效度进行检验，结果显示，18 个测量指标中有 16 个因子载荷大于 0.70，只有两个指标的因子载荷略低，分别为 0.678 和 0.679。t 值显示各个指标与其各自的构面显著相关（$p < 0.001$），这说明本书选取的所有指标都具有令人满意的信度水平。此外，问卷整体的克伦巴赫 α 信度系数（Cronbach's Alpha）为 0.831，只有工作本身的克伦巴赫 α 信度系数为 0.678，其余项目均超过

0.70 的临界值，说明各个构面的内部一致性较好。所有测量指标的多重相关系数（R2）在 0.334~0.899 之间，说明这些测量指标可以被预测因子解释的百分比区间为 33.4%~89.9%（见表 6.2）。另外，本书所设计问卷的 Kaiser-Meyer-Olkin 值为 0.877>0.6，显著性概率 p 值为 0.000<0.01，样本有效性较高，通过了效度检验分析。

表 6.2　测量模型及信度统计量

	测量指标（观测变量）	因子载荷量	R^2	t-Value	Cronbach's Alpha
激励因素					
晋升	职业上遇到困难的时候可以争取同事的支持	0.743	0.552	17.897***	0.771
	学校里有晋升机会	0.749	0.561	17.942***	
	知道学校的晋升要求	0.701	0.491		
工作本身	喜欢乡村教学工作	0.679	0.461	6.119***	0.678
	教学工作很有趣	0.756	0.571		
成就	所教的学生家长很支持我的工作	0.708	0.502	13.612***	0.762
	学校所在的镇尊重老师	0.869	0.755		
保健因素					
乡村激励	位置越偏远的学校，教师的工资补贴越高	0.678	0.334	15.052***	0.728
	本县教师职称评聘时会向乡村教师倾斜	0.713	0.509	17.2***	
	本县为长期在乡村任教的教师发放奖励津贴	0.769	0.591		
人事政策	本地教育机关的教师调动制度合理	0.753	0.566	20.694***	0.782
	乡村教师职称的评定合理	0.720	0.537	20.241***	
	学校的绩效考核公平合理	0.733	0.518		
薪酬	对工资水平感到满意	0.804	0.646	31.992***	0.894
	对乡村教师生活补助水平感到满意	0.877	0.769	36.950***	
	对福利待遇感到满意	0.899	0.808		

续表

	测量指标（观测变量）	因子载荷量	R^2	t-Value	Cronbach's Alpha
离职倾向	想换职业	0.807	0.651	9.621***	0.783
	想换学校	0.788	0.620		

注：***、**和*分别代表1%、5%和10%的显著性水平，下同。

（二）激励—保健因素与离职倾向之间的相关关系

为考察激励—保健因素对西部乡村教师离职倾向的影响程度，故接下来进行相关性检验，表6.3显示了激励—保健因素的各个构面与离职倾向之间的相关关系。根据肯德尔（kandall）和谐系数结果，保健因素各维度与离职倾向呈显著负相关，激励因素各维度与离职意向也呈显著负相关。并且，在保健因素中，人事政策与离职意向的相关性最强，$r_5 = -0.322$；在激励因素中，工作本身与离职意向的相关性最强，$r_2 = -0.412$。

表6.3 激励—保健因素与离职倾向之间的相关性

	(1)	(2)	(3)	(4)	(5)	(6)	(7)
(1) 提升	1.000						
(2) 工作本身	0.199	1.000					
(3) 成就	0.561	0.251	1.000				
(4) 乡村激励	0.510	0.133	0.445	1.000			
(5) 人事政策	0.694	0.255	0.685	0.602	1.000		
(6) 薪酬	0.538	0.258	0.520	0.568	0.820	1.000	
(7) 离职倾向	-0.289	-0.412	-0.204	-0.177	-0.322	-0.200	1.000

（三）结构模型评估及修正

依据研究假设，本书构建了激励因素、保健因素与教师离职倾向的结构方程模型。为了对结构方程模型进行评估，得到路径系数及其显著性水平，对973个样本进行初步的结构模型配适度评估。检验结果显示，$\chi^2/df = 7.73$，$RMSEA = 0.08$，$GFI = 0.91$，$AGFI = 0.88$，$CFI = 0.88$，除了$RMSEA$和

GFI 适配度良好外，其余指标配适度均小于 0.9 但仍达到鲍姆加特纳（Baumgartner）推荐的 0.8 以上，这可能是由于样本数过大所致[2][6]。接下来本书将把控制变量加入初始模型，并采用 Bollen-Stine 法对所有模型配适度进行校正[9][13]，以证明模型配适度较低并不是模型本身拟合度较差所致。

为考察我国不同性别、是否为少数民族、不同学校位置的西部乡村教师的离职倾向是否存在显著差异，本书对 973 个样本进行了单因素方差分析，结果显示，不同少数民族和学校位置的乡村教师离职倾向存在显著性差异。因此将少数民族和学校位置作为控制变量引入结构方程模型。引入控制变量后的模型拟合度指标 $\chi^2/df = 6.82$，仍然没有达到 5.0 的标准要求，但和初始模型的 χ^2/df 相比有所降低。此外，*RMSEA* 没有发生变动，而 *GFI* = 0.90，*AGFI* = 0.87，*CFI* = 0.86，虽然 *GFI*、*AGFI*、*CFI* 都略有降低，但根据现有的研究来看，除了激励—保健因素可能对离职倾向产生影响，教师的个体特征也会对因变量离职倾向产生一定的影响。

根据报表中的 Bollen-Stine Bootstrap 显示，在进行 2 000 次自助抽样 Bootstrap 中，该模型具有较好的拟合效果。拟合较差为 0 次，Bollen-Stine bootstrap = 0.00 < 0.05，证明模型配适度良好。此外，修正前的卡方为 1 234.90，而修正后的卡方为 205.34，具有很大的改进。修正后的拟合度指标见表 6.4，从中可以发现各项拟合度指标均达到了理想化的标准值，与修正前相比具有非常明显的改进。χ^2/df 修正前为 6.82，修正后不仅小于较为理想的标准值 5.0，而且小于理想化的标准值 3.0；修正后的 *RMSEA* 不仅仅小于 0.1 的标准，甚至接近 0；*GFI*、*AGF* 在修正前小于等于 0.9，修正后不仅大于 0.9 的标准，而且逐渐接近 1；*CFI* 在修正后更是等于 1。由此说明，该模型具有十分良好的配适度。

表 6.4 **Bollen-Stine Bootstrap 修正估计**

拟合度指标	评价标准	修正前	修正后	修正后拟合情况
χ^2 拟合优度检验	$P > 0.05$	0.00	0.00	符合要求

续表

拟合度指标	评价标准	修正前	修正后	修正后拟合情况
CMIN/DF	<5.0	6.82	1.13	理想
RMSEA	<0.1	0.08	0.01	理想
GFI	>0.9	0.90	0.97	理想
AGFI	>0.9	0.87	0.96	理想
CFI	>0.9	0.86	1.00	理想

（四）结构模型的路径分析

修正后的结构方程模型结果显示，模型拟合良好，各项拟合指数为 $\chi^2/df = 2.823$，$RMSEA = 0.077 < 0.1$，$GFI = 0.900$，$AGFI = 0.873$，$CFI = 0.860$。变量间的标准化路径系数如图 6.2 所示，由提升、工作本身和成就

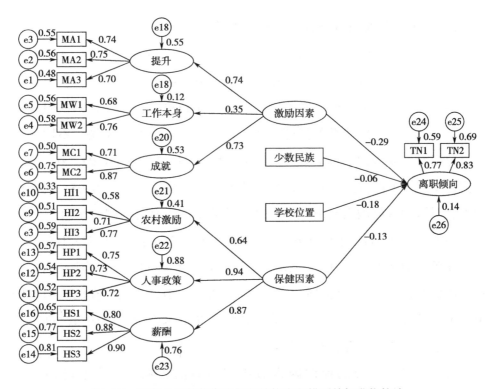

图 6.2　西部乡村教师离职倾向结构方程模型的标准化估计

组成的激励因素和由乡村激励政策、人事政策和薪酬组成的保健因素均对我国西部乡村教师离职倾向产生了显著的负向影响，其标准化系数分别为-0.29和-0.13，研究假设H1和H2均得到了检验结果的支持，且激励因素对离职倾向的影响大于保健因素（见表6.5）。由此可见，仅仅依靠丰富的货币激励已经难以留住乡村教师，自我价值的实现与情感需求的满足等非货币激励才更能影响乡村教师的工作行为与留任/离职决定。

表6.5　结构模型路径系数

路径关系	标准化路径系数	非标准化路径系数	S. E.	C. R.	P	结论
离职倾向←激励因素	-0.29	-0.39	0.07	-5.52	***	支持
离职倾向←保健因素	-0.13	-0.13	0.04	-3.24	**	支持

（五）教师婚姻状况及任教科目的调节效应

本书根据多群组分析结果考察研究假设H3至H5是否成立，进而分析个体因素对我国西部乡村教师离职倾向的调节作用。

本书先采用卡方检验，对不同模型进行比较检验，以分析不同组间的路径差异，即结构间关系的强度，如男性和女性、已婚和未婚、不同任教科目分组对离职倾向的调节效应。结果表明，除H3a和H3b外，在上述6个假设中有4个都得到了验证，性别的结构模型系数=0.29>0.05，说明性别不会对激励保健因素与离职倾向之间的关系产生显著的调节作用。

多群组分析估计结果表明，支持假设H4a/H4b和假设H5a/H5b，且结果显著（见表6.6），并分别给出了激励因素、保健因素与离职倾向之间路径的标准化估计与非标准化估计。调节效应的结果表明，在已婚与未婚组、英语教师与非英语教师组、美术教师与非美术教师组的变量之间，选取的调节变量路径都存在显著差异。

首先，未婚教师的保健因素对离职倾向的影响显著强于已婚教师（$\beta=-0.31$和-0.102，$p<0.05$），未婚教师的激励因素对其离职倾向的影

响程度也显著高于已婚教师（$\beta=-0.426$ 和-0.236，$p<0.05$）。未婚乡村教师与已婚乡村教师相比，更加看重制度环境因素，迫切希望提升自身的教学主观能动性，高度重视个人发展，以便更好地投身农村教育建设与发展。

其次，英语教师比非英语教师更关注保健因素（$\beta=-0.33$ 和-0.105，$p<0.05$）；美术教师的激励因素与保健因素对其留任/离职倾向的影响均显著强于非美术教师，但美术教师更加看重激励因素（$\beta=-0.562$ 和-0.302，$p<0.01$）。这一研究结果可能与英语教师在校外教书的机会成本更高有关，同时还要充分考虑美术教师和艺术教师的工作特点。例如，美术教师早期较高的教育成本投入，往往使其认为只有充分的激励因素才能使他们在目前的教学岗位上继续留任。

表 6.6　多群组分析估计结果

分组	路径	std β	UNstd β	S. E.	$\triangle$DF	$\triangle$CMIN	P	$\triangle$NFI	$\triangle$TLI
已婚教师	保健因素→TI	-0.102	-0.1 **	0.04	2	9.405	0.009	0.001	0
	激励因素→TI	-0.236	-0.397 ***	0.09					
未婚教师	保健因素→TI	-0.31	-0.381 ***	0.112					
	激励因素→TI	-0.426	-0.822 ***	0.306					
英语教师	保健因素→TI	-0.33	-0.47 ***	0.153	2	5.726	0.057	0.001	0
	激励因素→TI	-0.008	0.004	0.053					
非英语教师	保健因素→TI	-0.105	-0.117 **	0.047					
	激励因素→TI	-0.379	-0.761 ***	0.124					
美术教师	保健因素→TI	-0.14	-0.151 *	0.089	2	9.881	0.076	0.001	0
	激励因素→TI	-0.562	-1.931 ***	0.657					
非美术教师	保健因素→TI	-0.132	-0.166 ***	0.054					
	激励因素→TI	-0.302	-0.618 ***	0.117					

五、结论与启示

综合上述分析，得出以下主要结论。

第一，由乡村激励政策、人事政策和薪酬构成的保健因素可以降低西部乡村教师的离职倾向。其中，人事政策是保健因素中影响最大的因素。

第二，由提升、工作本身和成就构成的保健因素可以显著降低西部乡村教师的离职倾向。其中，提升是激励因素中影响最大的因素。

第三，激励因素对离职倾向的影响显著大于保健因素，即乡村教师的留任/离职倾向受激励因素的影响更大。

第四，婚姻状况、任教科目对激励—保健因素与留任/离职倾向的关系有显著的调节作用，性别因素发挥的调节作用则不显著。此外，未婚教师的激励因素与保健因素均显著强于已婚教师；英语教师比非英语教师更关注保健因素，即保健因素对其离职倾向的影响更大；对于美术教师而言，保健因素和激励因素对其留任/离职倾向的影响都显著高于其他学科的教师。

本研究的启示包括以下方面。

第一，建议中央和地方重视保健因素对教师离职决策的影响，特别是要为乡村教师设计合理、灵活的人事政策，例如，绩效评估应旨在帮助乡村教师提高教学技能，而不仅仅是为了评估而评估；县一级政府应制定更灵活的教师流动计划，帮助教师在乡村学校和城市学校之间流动工作，并加强对乡村教师的物质和非物质激励，如提高乡村教师的工资标准，增加乡村教师的晋升机会等。

第二，乡村学校应关注乡村教师的内部成长机会，为乡村教师搭建良好的个人提升平台，如通过培训、教学指导等来提高教师的教学技能和能力。此外，应完善教师评优评先制度，评优评先评奖要坚持"公开公平公正"原则，不断健全、优化教师评定制度；对乡村教师进行全方位考核，应摒弃唯学历论的做法，而是综合考察教师的专业技能与综合素养，采取定性和定量相结合的评价办法，避免在评优评先评奖过程中存在片面考量等问题，使评价更加合理、科学。

第三，政府部门和学校应更加关注未婚教师对保健因素和激励因素的需求，包括职业发展、认可和激励等，从而引导乡村青年教师的专业化发展。

第四，英语教师比非英语教师更关注保健因素，这可能是因为与公务员相比，农村英语教师的工资没有优势。因此，当地政府必须严格按照政策要求，确保中小学教师平均工资不低于当地公务员平均工资，同时不断改革乡村英语教师的工资和职称评聘制度，加大绩效激励占其薪酬总额的比重。

第五，要尊重艺术人才的培养特点，完善艺术教师培养机制，提高艺术教师的工资待遇，减轻艺术教师的工作负担，充分发挥其专业特长。

注释

①我国 14 个连片特困地区包括：六盘山区、秦巴山区、武陵山区、乌蒙山区、滇桂黔石漠化区、滇西边境山区、大兴安岭南麓山区、燕山—太行山区、吕梁山区、大别山区、罗霄山区、西藏自治区、四省藏区、新疆南疆三地州等。

参考文献

[1] GUARINO C M, SANTIBAÑEZ L, DALEY G A. Teacher recruitment and retention: a review of the recent empirical literature [J]. Review of Educational Research, 2006, 76(2): 173-208.

[2] JACKSON D L, GILLASPY A, PURC-STEPHENSON R. Reporting practices in confirmatory factor analysis: an overview and some recommendations [J]. Psychological Methods, 2009, 14(1): 6-23.

[3] HANUSHEK E A, RIVKIN S G. Generalizations about using value-added measures of teacher quality [J]. American Economic Review, 2010, 100(2): 267-271.

[4] HERZBERG F. Work and the nature of man [M]. NY: World Publishing, 1966.

[5] HERZBERG F, MAUSNER B, SNYDERMAN B B. The motivation to work [M]. 2nd ed. NY: John Wiley, 1959.

[6] BAUMGARTNER H, HOMBURG C. Applications of structural equation modeling in

marketing and consumer research: a review [J]. International Journal of Research in Marketing, 1996,13(2):139-161.

[7] KANG H J, GATLING A, KIM J. The impact of supervisory support on organizational commitment, career satisfaction, and turnover intention for hospitality frontline employees [J]. Journal of Human Resources in Hospitality & Tourism,2015,14(1):68-89.

[8]IMAZEKI J. Teacher salaries and teacher attrition [J]. Economics of Education Review, 2005,24(4):431-449.

[9] BOLLEN K, STINE R A. Bootstrapping goodness-of-fit measures in structural equation models [J]. Sociological Methods & Research,1992,21(2): 205-229.

[10] MCGILTONA K S, BOSCART V M, BROWN M, et al. Making tradeoffs between the reasons to leave and reasons to stay employed in long-term care homes: Perspectives of licensed nursing staff [J]. International Journal of Nursing Studies,2013,51(6):917-926.

[11] SANJEEV M A, SURYA A V. Two factor theory of motivation and satisfaction: an empirical verification [J]. Annals of Data Science,2016,3(2): 155-173.

[12]TIETJEN M A,MYERS R M. Motivation and job satisfaction [J]. Management Decision, 1998,36(4):226-231.

[13] FISHER M J, KING J. The self-directed learning readiness scale for nursing education revisited: a confirmatory factor analysis [J]. Nurse Education Today, 2010, 30(1): 44-48.

[14] HOGAN N L, LAMBERT E G, GRIFFIN M. Loyalty, love, and investments: the impact of job outcomes on the organizational commitment of correctional staff [J]. Criminal Justice and Behavior,2013,40(4):355-375.

[15] LINDQVIST P, NORDÄNGER U K, CARLSSON R. Teacher attrition the first five years—a multifaceted image [J]. Teaching and Teacher Education,2014(40): 94-103.

[16]INGERSOLL R M. Holes in the teacher supply bucket [J]. The School Adminstratior, 2002:42.

[17]ANZIA S,MOE T. Collective bargaining, transfer rights, and disadvantaged schools [J]. Educational Evaluation and Policy Analysis,2013,36(1):83-111.

[18]LOEB S, MILLER L C, STRUNK K O. The state role in teacher compensation [J]. Education Finance and Policy,2009,4(1):89-114.

［19］SHIROL S. Motivational factors and teachers' job attitude with respect to Herzberg motivation-hygiene theory［J］. Techno Learn,2014,4(1):1-5.

［20］ED S V R M, EMBSE N P V, PENDERGAST L L, et al. Leaving the teaching profession:the role of teacher stress and educational accountability policies on turnover intent［J］. Teaching and Teacher Education,2017(66):1-11.

［21］HUR Y. Testing Herzberg's two-factor theory of motivation in the public sector:is it applicable to public managers?［J］. Public Organization Review,2018,18(2):1-15.

［22］杜屏,谢瑶. 农村中小学教师工资与流失意愿关系探究［J］. 华东师范大学学报(教育科学版),2019,37(1):103-115,169.

［23］姜金秋,杜育红. 西部农村学校教师的供求与激励:基于补偿性工资差别理论的分析与验证［J］. 教师教育研究,2012,24(1):35-41.

［24］刘善槐,李梦琢,朱秀红. 乡村教师综合待遇的劳动定价、差异补偿与微观激励研究［J］. 东北师大学报(哲学社会科学版),2018(4):183-189.

［25］李志辉,王纬虹. 乡村教师离职意向影响因素实证研究:基于重庆市2 505名乡村教师调查数据的分析［J］. 教师教育研究,2018,(6):58-66.

［26］肖庆业. 农村教师职业流动意愿及其影响因素:基于二元Logistic回归模型的实证研究［J］. 基础教育,2018,(5):36-45.

［27］钟景迅,刘任芳. 乡村教师生活补助政策实施困境分析:来自A省欠发达地区县级教育局长的质性研究［J］. 教育发展研究,2018,38(2):48-54.

［28］赵志纯,柴江. 西部农村中小学教师离职意向调查研究［J］. 上海教育科研,2007(9):19-21,37.

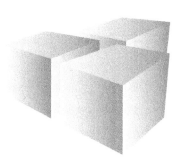

第七章
政策建议

党的十九大报告指出，"实施乡村振兴战略，高度重视农村义务教育，努力让每个孩子都能享有公平而有质量的教育"。乡村的振兴离不开乡村教育的振兴，而振兴乡村教育的核心在于加强乡村教师队伍的建设。基于前几章的理论分析、政策分析与实证研究所得出的结论，本章在参考国外乡村教师激励政策实践的基础上，为我国高质量乡村教师队伍建设提出以下本土化建议。

一、吸引优秀师范生赴乡村从教的经济激励政策

（一）为去乡村工作的学生提供奖学金、贷款或减免学费，重点提高艺体类学生的奖励标准

奖学金、减免学费、贷款代偿等经济激励政策对我国西部院校师范生赴乡村从教的意愿有积极的政策效果，建议国家继续扩大该政策的实施范围和减免力度，并提高艺体类师范生的奖学金标准和贷款减免标准。本书第四章的实证结果表明，学费补偿和贷款代偿政策对师范生赴乡村的从教意愿与在乡村长期任教的意愿均有显著正向影响，是否获得助学贷款则对艺体类师范生赴乡村从教的意愿影响显著。知晓该政策的师范生赴乡村从教的概率比不知晓该政策的师范生高 30.2%。是否知晓该政策对师范生长期在乡村任教的意愿有显著影响，且知晓该政策的师范生在乡村长期任教的意愿比不知晓该政策的师范生高 71.3%。获得助学贷款的艺体类师范生更愿意任教乡村，其意愿比未获得助学贷款的艺体类师范生高 41.5%。

美国的许多州也采用了上述经济激励政策来吸引优秀学生选择乡村教师职业。例如，密西西比州开展了以下两项针对在校大学生的激励计划。一是"紧缺教师奖学金计划"（The Critical Needs Teacher Scholarship Program），为去紧缺地区学校任教的大学生提供奖学金等形式的激励。2004 年，该州共有 750 名奖学金获得者最后成为中小学教师，其中 550 人去了紧缺学区。二是"威廉冬季奖学项目"（William Winter Scholar Program），该计划为大三或大四的师范学生提供最高为 4 000 美元的学生

贷款，如果学生毕业后能够到密西西比乡村学校服务 3 年，则这笔贷款可以免除。该计划实行 6 年来，共为 7 250 名符合条件的学生提供了贷款。此外，加利福尼亚州的教育贷款项目则是面向全体教师，如果教师赴存在短缺学科、学生成绩差等问题的学校或乡村学校工作，那么可最高被免除 19 000 美元的教育贷款[5]。

（二）提高乡村教师的起薪和待遇，增强乡村教师薪酬的外部竞争力

乡村地区若想招聘和保留高质量教师，则应为其支付比城市教师更有竞争力的薪酬待遇。如本书第二章所述，补偿性工资差别理论认为：额外经济补偿大小将影响教师个体的职业选择，进而影响乡村教师的供给数量与质量；教师能力与其心理保留价格呈正相关，高工资能吸引到更多心理保留价格高的优秀教师。

本书第四章的实证结论也部分验证了上述补偿性工资差别理论的观点。总体来说，对师范生而言，乡村教师工作的月收入期望底线对其赴乡村从教的意愿有显著的负影响，师范生的月收入期望底线每增加 1 000 元，其赴乡村任教的意愿降低 9.2%。

从国际经验来看，提高乡村教师工资是各国普遍采用的措施。例如，美国的 24 个州都有专门的立法来规定教师的最低工资，并将提高乡村教师工资作为一种长期的激励。各州提高工资的通常做法有："一是在整个州的层面提高乡村教师的基本工资，二是提高乡村教师的最低起薪，三是允许学区自行提高乡村教师的工资待遇。研究表明，前两种方案受到了教师的普遍欢迎，但第三种方案的效果并不理想，其问题是贫富学区之间教师的收入差距扩大，需要州对困难学区进行补助"[3]。非洲国家牙买加也有类似的工资倾斜政策，给乡村教师的工资等级要比城市教师高两级[4]。

（三）加强各项经济激励政策的宣传力度，并定期进行政策评估与调整

各地政府要加强各项经济激励政策进校园等宣传力度，以吸引更多优秀师范生选择赴乡村从教。本书第三章的实证结果表明，如果师范生知晓乡村教师生活补助政策，则其赴乡村从教的意愿将提高 133%；其中的艺体类师范生若知晓该项政策，则其赴乡村从教的意愿将提高91.8%。

此外，地方政府应加强关于《乡村教师支持计划》和乡村教师生活补助政策等国家层面各项乡村教师支持政策的实施与宣传，帮助教师明晰对政策的认知，并通过政策宣传，使政策对象知晓并了解该政策，从而使政策得以有效执行。然而，根据笔者及所在课题组的调查，尽管调研县已经实施乡村教师生活补助政策3年了，但仍有近40%的教师并不了解该政策，这表明地方政府的政策宣传并不到位，而教师们对自己的工资增长来源也不知晓。因此，该生活补助政策也就无法充分起到吸引与保留优秀乡村教师的目的。

此外，政策的宣传不应局限于乡村教师，对在县城工作的教师也要进行宣传，这样做的目的在于给县城教师一个明确的政策信号和导向，即政府鼓励优秀教师去乡村任教。这样，如果政策确有吸引力，就能够吸引更多的县城教师逆向流动到乡村，从而打破城乡教师资源不平衡的局面。如果优秀的县镇教师也愿意去乡村任教，那么城乡教育的一体化一定能够早日实现。为此，建议地方政府利用各种宣传平台和机会，如通过广播、电台、电视、微信以及校长培训等多渠道，广泛宣传乡村教师生活补助政策的意义、目标和内容。

在经济激励计划实行后，还需要定期对方案效果进行评价，如是否吸引到了高素质的教师，多方利益相关者对这种激励措施是否满意等，并根据反馈结果来不断调整政策。对于那些行之有效的激励政策，最好能够以法律法规的形式使之常规化、常态化，并列入财政预算，以保证激励的可持续性。

二、留住优秀乡村教师的经济激励政策

（一）中央加大"综合奖补"力度，鼓励"以省为主"，运用激励工具

本书第三章的文本分析结果表明，激励型工具在我国运用的地区间差异较大，一些地区的激励型工具运用明显不足。如前所述，激励型工具是

指"给予个体或机构货币以换取相应的行为",如补贴、拨款、财政转移支付、税收激励、优惠券、贷款等。激励型工具适用于鼓励差异行为模式的环境,在对乡村教师的吸引和保留方面可采用的激励型工具包括"生活补助""毕业生学费补偿""支教奖励""长期从教奖励""财政支持建设教师周转房""个人所得税减免"等。

此外,经济激励政策工具的运用还要"以省为主"。目前我国乡村实行的是"以县为主"的教育财政体制,在这种体制下,以县为主体来制定激励方案。然而,根据笔者及所在课题组的调研发现,越是教师资源短缺的贫困县,越难以制定经济激励计划,从而导致教师短缺问题更加严重,陷入恶性循环。从国外的实践来看,乡村教师激励政策的制定主体大都是州及以上政府,只有这样才能为此类政策的实施提供充足的财政资金保障,并保证贫困县获得相应的政策倾斜。

因此,建议考虑按照乡村教师生活补助政策的"地方自主实施,中央综合奖补"原则,由中央财政在义务教育的经费保障机制中增列综合奖补资金,对地方政府运用较好的激励型工具给予奖补。如果地方政府在相关激励型工具方面的运用时间越早、标准越高、效果越好,那么中央的奖补比例相应也就越高,反之则越少。以此激发和鼓励各地方政府以激励型工具为抓手,加大专项财政经费的投入,并借鉴实施激励较好地区的做法来制定适合本地区的激励方案。

(二)给偏远乡村学校教师额外的奖金和津贴,设立长期乡村从教奖

根据本书第二章的理论分析,增加高质量乡村教师供给的一个重要途径是提高处于不利工作条件中的乡村教师的额外补偿性工资,当该补偿性工资的水平超过应聘教师的心理价位时,则其将有更高的意愿去乡村任教。本书第四章的实证结果也表明,我国的乡村教师生活补助政策、《乡村教师支持计划》中的经济激励政策,对全体师范生(包括艺体类师范生)的乡村从教意愿均有显著的正向影响。

但在此要特别强调的是,本书第四章的研究还表明,生活补助政策对师范生在乡村长期任教意愿的影响并不显著。这意味着只靠生活补助这种单一的经济激励政策难以起到吸引师范生扎根乡村的目标：额外的奖金和津贴能够在短期内起到吸引师范生赴乡村从教的效果，但长期来看，还需要综合运用其他激励政策工具，如对长期从教的乡村教师予以表彰和奖励，这样才能起到良好的政策效果。例如，河北省除了给长期在乡村任教的教师颁发荣誉证书外，还针对在乡村从教15年以上、有突出贡献的教师每年组织一次奖励申报，每次奖励300人左右，每人奖励1万元。又如，湖北省在设立的"楚天园丁奖"中规定，乡村教师的比例不得低于30%；同时设立"湖北省乡村教师奖励基金"，对有突出贡献的乡村教师予以奖励。这些都是可供借鉴的案例。

从国际视角来看，许多国家都制定了乡村教师津补贴政策，以实现师资的均衡配置。例如，澳大利亚的昆士兰州制定了偏远地区奖励计划，每年为在偏远乡村学校工作的教师发放1 000~5 000澳元的额外工资和交通补贴，并对那些服务期满但愿意继续扎根偏远乡村学校工作的教师每年发放2 000~5 000澳元的奖金[6]。日本的《偏远地区教育振兴法》也规定对偏远地区学校教职工增发特殊津贴，如寒冷地区津贴、单身赴任津贴等。阿根廷为乡村教师提供额外奖金，最高标准为教师基本工资的80%；尼泊尔为乡村教师提供的奖金最高标准则为教师基本工资的100%。此外，美国2007年颁布的《乡村教师保留法案》规定，优秀中小学教师若想获得奖金，那么至少要在乡村工作3年以上[8]。

（三）为乡村教师提供"全覆盖"的交通补贴，并重点向偏远交通不便地区倾斜

本书第四章的研究结果表明，不利的交通条件也是影响师范生赴乡村从教的重要因素，其对乡村交通不利条件的厌恶度越高，越不愿意去乡村任教。如本书第五章所述，笔者及所在课题组在对乡村教师进行调查与访谈的过程中，许多教师表示他们非常在意进出城的交通费，如多数年轻教师会在县城安家买房子，恰如访谈中某位教师所说："现在的人结婚都很现实，都要求去县里买房"。还有一位小学教师表示："我家住县上，每周一早上来学校上课，周五下午回县里，这将使我付出额外的交通费用和时间，但却并没有额外的补贴。"此外，中老年教师也会因为子女在县城读书而选择在县城买房，因此每周需要在乡村与县城来回往返，这必然需要支出相应的交通费，也是他们想调到城里工作的重要因素。笔者认为，对此如果各地区能够结合当地的交通费用标准，设立相应的交通补贴，将在一定程度上增加教师留任乡村从教的意愿。

此外，交通补助政策应覆盖全部乡村教师，并重点向交通不便的偏远学校倾斜。根据笔者及所在课题组的调查，一些乡镇学校的教师因为补助政策没有覆盖到他们而心理失衡，产生抵触情绪。模型估计的结果也证实，政策认同度会显著影响教师的留任意愿，只有教师普遍认同一项政策，那么该政策的目标才能顺利实现。根据补偿性工资差别理论，津补贴是对赴不利条件地区工作的员工的补偿，可见该项补偿是否发放以及发放标准等都应该只取决于地理环境和交通条件，与其他因素无关，即所有在地理环境和交通条件不利情况下工作的教师都应该获得补偿，要做到覆盖全体乡村教师，并且要重点向偏远地区的学校和教师倾斜。

在交通补贴和住房补贴的激励政策上，许多国家和地区有值得参考和借鉴的经验。如美国密西西比州的住房补助计划，为紧缺地区工作的教师提供最高 6 000 美元的住房贷款，而一些在地理环境较差的学校工作的教师还能获得州政府提供的 1 000 美元的搬迁费用[2]。此外，塞内加尔、塞拉里昂、叙利亚、津巴布韦等国也为乡村教师住房提供住房补助与购房贷款支持。乌干达、伊拉克、巴基斯坦则直接为乡村教师提供住房。以乌干达为例，目前其学校基建资金（SFG）的 15% 都用来建设教师住房[1]。另外，埃及、圭亚那、利比亚等国向乡村教师发放额外的交通补贴，以方便他们去城里购物与社交等。

（四）津补贴标准的制定要因地制宜，并充分听取教师意见

本书第五章的实证估计结果表明，只有当乡村教师对所获得的生活补助水平满意时，才能够实现吸引其赴乡村从教或在乡村继续留任的目标，而仅靠提高生活补助水平的做法则未必能够相应地提高教师留任乡村的意愿。例如，访谈中有教师表示："我们县乡镇公务员在公车改革后每月都有 500 元的交通补助，我们教师的补助至少要和公务员水平相当吧。"因此，地方政府在制定和设计乡村教师生活补助政策时一定要先充分开展调研，听取广大教师的意见，在了解其意愿和需求的基础上，再结合当地公务员标准制定相应的方案。

纵观全球，没有哪个国家的激励政策是完全相同的，也没有哪一个激励方案是能够放之四海而皆准的。我国乡村地域的广袤性决定了乡村教师的激励政策也必须具有差异性，各省应相互借鉴各自在《乡村教师支持计划》中的激励措施，选择适合本省特殊情况的方案并加以实施。例如，山区较多的省，交通不便，生活条件艰苦，应结合本地实际的交通成本、物价成本等，制定相对更高标准的交通补助、津补贴等。

三、激励乡村教师之工资体系再设计

（一）前提假设

为了解决现行乡村教师工资体系所存在的问题，吸引、发展和保留优秀教师投身乡村义务教育，本书基于此前的实证分析，综合国内外学者的研究成果和建议，尝试对乡村教师的工资体系进行再设计。该工资体系的设计是在以下三个研究假设的基础上提出的。

研究假设 1：学生质量与教师质量密切相关；

研究假设 2：金钱激励对教师很重要；

研究假设 3：非货币性工资对于教师而言同样重要。

著名教育经济学专家哈努谢克的多项研究已证实学生质量与教师质量密切相关，国内学者胡咏梅、梁文艳等研究也发现了教师质量对学生学业成就有重要影响，表明研究假设 1 在基础教育阶段是能够得到证实的。

美国薪酬管理专家米尔科维奇（Milkovich）和纽曼（Newman）指出，

"工资不是一个简单的付酬体系，而是围绕学校发展目标特意设计来吸引、发展和保留教师的一项关键制度"[7]。本书第四章、第五章、第六章的实证结果也都在不同层面证实，津补贴等金钱激励会对教师的职业选择、留任意愿等产生显著影响。教师作人类灵魂的工程师，也有基本的生理需求、安全需求、社交需求等，如成家立业、结婚生子、子女教育、赡养老人这些需求都要有相应经济基础作为保障，而不能只要求教师"无私奉献"。毕竟，教师也需要金钱与货币的激励，也渴望获得更高的收入。

对于非货币性工资对教师的重要性，本书第六章的实证结果已表明，外在薪酬和内在薪酬对教师而言都很重要，均能显著降低乡村教师的离职倾向。这与国外学者菲利奥（Figlio，2002）及国内学者姜金秋和杜屏（2014）等的实证研究结论一致。因此，本章提出的研究假设 3 是指：对乡村教师工资体系的再设计还要结合非货币性工资的运用，这样才能更好地实现吸引、保留与激励教师的效果。

（二）设计原则

1. 外部竞争性

外部竞争性是指"组织之间的工资关系——与竞争对手相对应的工资，在实践中表述为设定一个高于、低于或与竞争对手相同的工资水平"。这一工资体系的设计原则指的是乡村教师职业的工资水平要具有吸引力，在教师行业内部要高于城市教师、县城教师的工资水平，在社会行业中要处于中等偏上的位置，同时不低于公务员的工资水平。

2. 内部一致性

内部一致性通常被称为内部公平性，是指单个组织内部不同工作、技能、能力之间的工资关系。它强调的是工资结构设计的重要性，即工资结构要与工作流程相匹配，对所有员工公平并能起到激励员工行为的作用，使之与组织目标相符合。乡村教师的工资体系不仅涉及普通任课教师，而且涉及学科组长、班主任、行政教学、生活教师、行政与教学"双肩挑"的学校领导、后勤教师等，如何在上述不同群体中实现公平与效率，是教师工资体系设计中必须考虑的重要因素。

3. 全面性

乡村教师工资体系应当包含所有基于教师工作而"付酬"的工资要素。该工资体系的设计旨在创造一个有竞争力的一揽子工资计划，以尽可能满足所有教师的合理需求和需要。

4. 明确可行性

设计乡村教师工资体系往往涉及诸多复杂的内容，但如果指标设计过于复杂且难以操控，那么沟通的效率会大为降低，预期的激励结果非但不会出现，还可能产生误会。因而在乡村教师工资体系的设计中，在考虑全面性的同时，还应注重其具体项目的明确性和可行性，从而使工资体系中的具体项目标准明确，指令清晰，易于理解和交流。

5. 战略弹性

乡村教师的工资体系必须具有战略弹性，以应对外界变化。每一个地区的学校都有自身特有的优势和所面对的挑战。当前的工资体系是否能够应对外部竞争压力，包括来自教师行业和其他行业的竞争压力？该工资体系是否能够保证地方教育部门重点支持那些紧缺教师的偏远地区？该工资体系是否足以应对日渐严重的乡村教师老龄化问题？是否能够满足即将退休教师的需要？等等。这些问题也是每一个县级教育部门必须积极思考和应对的问题。

（三）拟解决核心问题

乡村教师工资体系的再设计是围绕吸引、发展和保留优秀乡村教师这一核心目标而进行的。要想实现这一目标，必须解决以下核心问题。

（1）如何在工资发放上体现：学生的学业进步是多个学科教师持续多年的共同教学成果；如何鼓励不同学科的教师之间相互合作。

（2）如何在工资设计中奖励那些为学校承担额外的责任，对教育教学有卓越贡献的教师。

（3）工资体系中如何对待那些年度考核"不合格"的教师；他们是

141

否还有资格享受工资的年度增长。

（4）工资体系如何将教师质量的提升与学生质量的提升联系起来；如何激励教师为每一个学生设立具体的成长目标，督促并见证学生的进步与成长。

（5）工资体系设计如何在老教师与教学业绩突出的年轻教师之间取得平衡。

（6）工资体系设计如何体现乡村之间、城乡之间、不同经济发展水平地区之间的公平性。

（四）工资体系的模块构成

上述拟解决的核心问题便是衡量乡村教师工资体系合理性的重要指标，因为其中每一个问题都与学校发展紧密相关。在综合考虑上面六个问题后，笔者认为一个全面的工资体系至少需要包含三个模块：基本工资、绩效工资、津补贴。上述模块中应包含以下要素：基本工资、基于个人绩效评价的绩效工资、基于知识和技能获取的职业发展津贴、基于额外工作的额外责任津贴、基于卓越贡献的杰出贡献津贴等。详见图7.1。

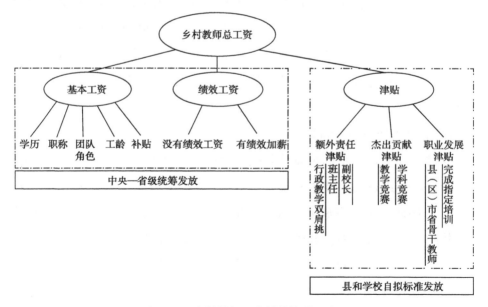

图7.1　乡村教师工资模块构成要素

1. 基本工资

基本工资是对教师承担的工作支付的一种现金报酬，基本工资只反映工作本身的价值，通常不考虑教师个体的差异。对于基本工资标准的确定，本书根据米尔科维奇和纽曼在《薪酬管理》一书中给出的理论指导，主要通过市场调查，参照政策线来拟定基本工资水平。在本书对教师工资体系的再设计中，基本工资根据新进教师的资历（包括学历、职称、承担的团队伍角色、工龄等）、学校所在区域发放的相应标准的补贴等来制定，即教师基本工资=基本工资线+学历工资+职称工资+团体角色工资+工龄工资+补贴。其中，团队角色是指担任学科组长、年级组长等学生培养团队中的重要职务；补贴通常根据国家划分的边远贫穷地区标准进行发放，越偏远的地区补贴越高。

2. 绩效加薪

绩效加薪的做法是：将基本工资的增加额（merit increases）与学校对教师的主观绩效评价的等级加以关联。在本书的教师工资体系再设计中，如果教师在绩效考核中符合学校设定的基本考核要求，则将享有基本的工资年度增长；如果其在基本的绩效考核中没有达到要求，即考核不合格，那么将无法享受薪酬的年度增长。对于绩效考核合格者，在享受基本工资+年度薪酬增长之外，还可以获取进一步绩效加薪的评选资格——津贴。

3. 额外责任津贴、杰出贡献津贴和职业发展津贴

如前所述，那些绩效考核合格的教师还有机会享受绩效加薪，包括职业发展津贴、额外责任津贴和杰出贡献津贴。

额外责任津贴是指，如果该教师承担了额外的责任，如行政与教学"双肩挑"的副校长、班主任、寄宿制学校的后勤部门负责人等，将有机会获得这一津贴。

杰出贡献津贴是指，如果教师在教学大赛、指导学生学科竞赛等方面贡献卓越，将会享受这一津贴（亦称卓越贡献绩效奖）。对于一位优秀的教师而言，如果不仅做好了本职工作（完成基本的教学工作量），而且承

担了额外责任，并且不断追求自身职业技能的发展，那么他/她最后的薪酬总额＝基本工资+年度增长+额外责任奖+职业发展奖+卓越贡献绩效奖。

职业发展津贴是指，若教师在技能测评体系中获得优异成绩或进步，成效卓越，如被校、县（区）、市、省等评为骨干教师等，以及完成省市级等组织的高级课程培训与提升课程并获得证书等，将获得这一津贴。

在本书的教师工资再设计体系中，其组成内容实际上是各自独立的。因此对应到各个县或者学校时，决策部门可以根据自身的战略发展目标，决定每一部分的遴选标准。该工资体系各个组成部分之间的关系如图7.1所示。

在此需要特别说明的是，该工资体系的再设计中特别设有补贴工资，并且强调由中央和省级财政统筹发放，这主要是出于对我国各地区经济发展水平不一、城乡差异较大以及乡村教育现状的考虑，目的在于给那些投身乡村和经济发展水平较差地区教育的教师以补偿，同时吸引更多的教师到有迫切需要的乡村任教或在乡村继续留任。

（五）工资发放与经费保障

本书设计的乡村教师工资体系的发放过程具体做法如下（见图7.2）。

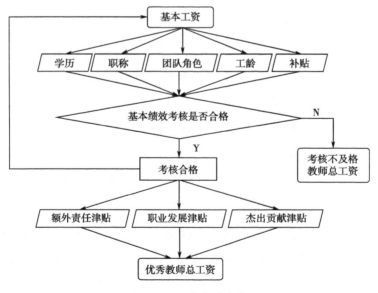

图7.2 工资发放步骤

步骤 1：核定基本工资。

基本工资的构成分为两个部分。一是由中央负责落实的教师基本工资线，这是由中央或省级地方政府按照地域条件、经济发展程度和人口等因素对全国范围内教师的日常生活、工作所需基本工资进行调研之后，对教师每月的基本工资做出明确统一的规定，并由中央财政按月足额发放，以确保全国教师的基本工资的均衡性。二是在此基础上对教师的"硬件"指标予以全国统一标准的货币化计量，具体为根据教师学历层次、职称高低、工龄长短、在团队中是否担任重要角色（如学科组长等）、所在学校和地区的偏远和落后程度等予以对应标准的加薪，即一位新进教师的基本工资构成=基本工资线的标准工资+学历工资+职称工资+工龄工资+团队角色工资+补贴。

步骤 2：核定绩效考核工资。

核定绩效工资是指学校根据教师的日常工作情况，即通过对出勤率、完成课时量、科研成绩、教学质量等进行的考核评估，评估合格者可以享受基本工资的年度增长，并且获得进一步评选专项津贴加薪的资格，不合格者则只能拿到步骤 1 中所示的基本工资。其中，绩效考核的标准由学校自主确定，但是工资的年度增长率由中央或省级教育行政管理部门统一行文，加以明确规定。

步骤 3：核定绩效加薪项目津贴。

绩效加薪项目津贴方面，由县（区）及学校自主设定津贴构成、自主确定津贴标准等，由县（区）或学校财政出资并发放。这一部分大致可以分为额外责任津贴、职业发展津贴和杰出贡献津贴三项。其中，额外责任津贴包括班主任、分管额外任务的副校长、寄宿制学校后勤教师等不同子项目；职业发展津贴包括参加指定培训、被评选为县级以上骨干教师等子项目；杰出贡献津贴主要包括带领学生参加学科竞赛获奖、教师在教学大赛中获奖等。这些子项目的设定依据、发放条件和标准由县级（区）自主确定，这也是实现学校工资体系外部性的重要一环。

乡村教师的工资体系关注教师绩效和教师职业的发展，在实施该体系时需要多方面的保障。

第一，义务教育经费管理体制由分散管理走向集中管理是全球趋势，中央和省县级财政需要在充分调研的基础上做好基本工资线的设定和各类津补贴的标准制定，并以文件形式对发放条件和标准做出明确规定，以确保乡村教师基本工资的按月足额发放和基本均衡。

第二，学校在制定具体的绩效考核标准和津贴项目计划时，应尽量做到多方参与，任何一项工资计划不仅需要行政支持，而且应促使教师这一工资体系的利益相关者积极参与。

第三，多部门通力合作。无论是政府的行政管理部门，还是学校内部的行政管理部门、人事部门或财务部门等，在教师工资计划的实施中都应进行主动、有效的合作，在保证多方参与的前提下，上述各个部门应及时、科学地进行沟通。

参考文献

［1］MULKEEN A. Teachers for rural schools：a challenge for Africa ［A］. Teachers for rural schools：a challenge for Africa ［C］. Paris：association for the development of education in Africa(ADEA) ,African region,World Bank,2005：14-15.

［2］BERRY B,HIRSCH E. Recruiting and retaining teachers for hard-to-staff schools. National Governors Association. ［DB/OL］.［2023-03-25］. http://teachingquality. org/pdfs/ngarecruitretainpdf, 2005.

［3］JIMERSON L. The competitive disadvantage：teacher compensation in rural America ［M］.Washington,DC：Rural School and Community Trust. 2003：15-17.

［4］MCEWAN P J. Recruitment of rural teachers in developing countries：an economic analysis ［J］ Teaching and Teacher Education. 1999,15(8)：849-859.

［5］SPRADLIN T E, PRENDERGAST K A. Emerging trends in teacher recruitment and retention in the no child left behind era ［J］. Center for Education and Education Policy. 2006(4)：6-7.

［6］OECD. Teachers matter：attracting，developing and retaining effective teacher［M］. Pairs：OECD Publishing，2005：51-53.

［7］米尔科维奇，纽曼著. 薪酬管理［M］.9 版. 成得礼，译. 北京：中国人民大学出版社，2008.

［8］王娟涓，徐辉. 国外城乡义务教育均衡发展的经验及启示［J］. 外国中小学教育.2011（1）：7-12.

附录1 师范生乡村从教意愿调查问卷

亲爱的同学：

您好！这份问卷旨在了解西部院校师范生到乡村任教的意愿，以期为进一步完善乡村师资队伍建设提供建议和帮助。问卷匿名填写，调查结果仅用于课题组研究使用，请不要有任何顾虑。恳请您如实填写，衷心感谢您的支持！

首都经济贸易大学课题组

填写说明：请在最符合您的真实情况的选项上划"√"或在"_____"上填写。

A. 您的学校基本信息

A1. 您的性别是：

1. 男　　　　　　2. 女

A2. 您的年龄是_____岁

A3. 是否为少数民族？（如果"是"，请在横线上填写具体的少数民族名称）

1. 是_____　　　2. 否

A4. 您的政治面貌：

1. 中共党员　　　2. 中共预备党员　　　3. 共青团员

4. 其他党派　　　5. 无党派人士　　　　6. 群众

A5. 您的学校名称是_____

A6. 您的专业类型是：

1. 文科类　　　　2. 理工类　　　　　　3. 艺术类

4. 体育类　　　　5. 其他

A7. 您的具体专业名称是＿＿＿＿＿＿

A8. 是否为师范专业：

1. 是　　　　　　2. 否

A9. 您目前攻读的学历或学位是：

1. 大学专科（高职）　　　　2. 大学本科（一本/二本）

3. 大学本科（三本）　　　　4. 其他＿＿＿＿＿

A10. 您所在的年级：

1. 大一　　　　　　　　　2. 大二

3. 大三　　　　　　　　　4. 大四

A11. 您的学校所属类型：

1. 教育部直属的师范院校　　　2. 地方师范院校

3. 综合类大学　　　　　　　4. 其他，请注明＿＿＿＿＿

A12. 您在本班的学习成绩排名是：

1. 上　　　　　　　　　　2. 中

3. 下

A13. 您的性格偏向于哪种类型？

1. 外向型　　　　　　　　2. 内向型

3. 内外均衡型

A14. 您是否申请到了国家助学贷款？

1. 是　　　　　　　　　　2. 否

A15. 您的学费金额是＿＿＿＿＿＿元/年。

B. 您的家庭信息

B1. 您的家乡是否在学校所在城市及下属县/镇/村？

1. 是　　　　　　　　　　2. 否

B2. 您的生源地：

1. 直辖市   2. 省会城市

3. 中小城市   4. 县镇

5. 乡村

B3. 您是不是独生子女？（回答1. "是"选项，请跳转至 B7 题继续回答；回答2. "否"选项，请依次作答以下题目）

1. 是   2. 否

B4. （若您不是独生子女）您家里共有几个孩子？

1. 2 个   2. 3 个

3. 4 个及以上

B5. （若您不是独生子女）您在家里排行第几？

1. 第 2   2. 第 3

3. 第 4   4. 其他

B6. 您父亲的受教育程度是：

1. 初中及以下   2. 高中/技校/中专

3. 大专   4. 本科

5. 硕士及以上

B7. 您母亲的受教育程度是：

1. 初中及以下   2. 高中/技校/中专

3. 大专   4. 本科

5. 硕士及以上

B8. 您的父母中是否有人担任教师？

1. 是   2. 否

B9. 您的家庭收入：_____元/年。

C. 您对乡村以及乡村教师相关的国家/地方政策了解情况

C1. 您对乡村的了解程度：

1. 很不了解   2. 不太了解

3. 一般了解   4. 比较了解

5. 非常了解

C2. 您对乡村的了解渠道（多选）：

1. 亲身经验 2. 亲朋好友

3. 学校宣传 4. 传统纸质媒介（报刊书籍等）

5. 网络资源 6. 其他

C3. 您能够融入乡村生活吗？

1. 完全不可以 2. 基本不可以

3. 一般可以 4. 基本可以

5. 完全可以

C4. 您对中央或地方出台的乡村教师生活补助政策的了解程度：

1. 很不了解 2. 不太了解

3. 一般了解 4. 比较了解

5. 非常了解

C5. 您对乡村教师生活补助政策的了解渠道（多选题）：

1. 亲身经验 2. 亲朋好友

3. 学校宣传 4. 传统纸质（报刊书籍等）媒介

5. 网络资源 6. 其他

C6. 您对《乡村教师支持计划（2015—2020 年）》的了解情况：

1. 很不了解 2. 不太了解

3. 一般了解 4. 比较了解

5. 非常了解

C7. 您对《乡村教师支持计划（2015—2020 年）》的了解渠道（多选）：

1. 亲身经验 2. 亲朋好友

3. 学校宣传 4. 传统纸质媒介（报刊书籍等）

5. 网络资源 6. 其他

C8. 您对西部地区乡村教师补助标准的了解情况：

1. 很不了解 2. 不太了解

3. 一般了解   4. 比较了解

5. 非常了解

C9. 您对西部地区乡村教师补助落实的了解情况：

1. 很不了解   2. 不太了解

3. 一般了解   4. 比较了解

5. 非常了解

C10. 您对国家和地方鼓励高校毕业生去乡村任教一定期限后享受学费补偿和国家助学贷款政策的了解程度：

1. 很不了解   2. 不太了解

3. 一般了解   4. 比较了解

5. 非常了解

C11. 据您了解，乡村教师的补助标准是＿＿＿＿＿＿元/月

D. 您的乡村教师入职意愿

D1. 您当初报考师范学校/师范生的考虑因素是哪些？（多选）

1. 愿意从事教育工作，喜欢当老师 2. 比较好录取，且有优惠政策

3. 父母以及家庭的希望   4. 家庭经济条件限制

5. 有就业保障   6. 工资以及各项待遇都不错

7. 滑档/调剂   8. 其他，请注明＿＿＿＿＿＿

D2. 您认为目前师范类毕业生的就业形势如何？

1. 相当严峻，就业难   2. 还好，就业并不算难

3. 就业十分容易   4. 不清楚

D3. 您毕业后准备从事什么类型的职业？

1. 教师   2. 事业单位（非教师）或公务员

3. 国企人员   4. 私企人员

5. 自主创业   6. 其他

D4. 从职业声望来看，您认为教师的社会地位处于：

1. 上层   2. 中等偏上

3. 中等偏下 　　　　　　　　　4. 下层

D5. 目前来说，您是否愿意去乡村任教？（回答 1. "是" 选项，请依次作答以下题目；回答 2. "否" 选项，请跳转至 D9 题继续回答）

1. 是 　　　　　　　　　　　2. 否

D6. 您比较愿意去哪个地方的乡村任教？_____（请具体到县）。

D7. 您选择这个地方任教的原因是：

1. 是我的家乡 　　　　　　　2. 离我的家乡近

3. 离我就读的学校近 　　　　4. 喜欢这个地方

5. 因为该地区师资缺乏 　　　6. 其他

D8. 以下哪个选项是您选择到乡村任教的最重要因素？（多选）

1. 工资福利 　　　　　　　　2. 乡村教师的需求

3. 乡村教师生活补助政策 　　4.《乡村教师支持计划》政策

5. 乡村任教的学费补偿和贷款代偿政策

6. 特岗教师相关政策 　　　　7. 个人兴趣

8. 家庭环境 　　　　　　　　9. 离家乡比较近

10. 其他

D9. 您的家人对您到乡村任教的态度是：

1. 支持 　　　　　　　　　　2. 反对

3. 无意见

D10. 若您不去乡村任教，您会选择什么工作？

1. 在大中城市担任教师 　　　2. 在小城镇担任教师

3. 选择与教师无关的职业 　　4. 不清楚

D11. 目前来说，您认为乡村教师所遇到的困难包括（多选）：

1. 乡村教师的工资偏低 　　　2. 乡村教师的补助政策不完善

3. 乡村教师的补助政策落实不到位

4. 乡村教师的社会地位偏低 　5. 学校办学条件差

6. 乡村地区经济发展水平低

7. 乡村教师的工作负担偏重，职业压力大

8. 与外界沟通交流困难　　　9. 乡村教师的福利待遇偏低

10. 生活环境和条件艰苦　　　11. 子女教育问题

12. 互联网普及程度低　　　　13. 父母以及家庭的压力

14. 乡村教师没有职业发展前景　15. 乡村的交通非常不便利

16. 其他

D12. 如果到乡村任教，您期望的工资是_____元/月

D13. 您的收入期望值底线是_____元/月

D14. 如果到乡村任教，您希望在乡村任教的时间为：

1. 1 年　　　　　　　　　　2. 2 年

3. 3 年　　　　　　　　　　4. 4~5 年

5. 5~10 年　　　　　　　　6. 10 年以上

D15. 以下哪些因素有助于激励您去乡村任教？（多选）

1. 较高的生活补助　　　　　2. 提供教师住房

3. 更多的晋升机会　　　　　4. 有五险一金等福利保障

5. 自身崇高的理想信念，实现人生的价值

6. 父母以及家庭的希望

7. 现在对乡村教师的政策和各项补助都很好

8. 城市的就业压力太大

9. 乡村的环境很好，有利于身心健康

10. 赴乡村任教可享有的学费补偿和贷款代偿政策

11. 特岗教师相关政策

12. 其他，请注明_____

D16. 您希望国家出台哪些与乡村教师相关的支持政策？

再次感谢您的认真填答，祝您学习生活愉快！

附录2 乡村教师经济激励
政策调查问卷

尊敬的教师：

您好！这份问卷旨在了解乡村教师经济激励政策的实施情况，为进一步落实中央政策、改善乡村教师工资状况提供建议和帮助。问卷匿名填写，调查结果仅用于课题组研究使用，请不要有任何顾虑。恳请您如实填写。

首都经济贸易大学课题组

填写说明：请在最符合您的真实情况的选项数字上划"√"或在"＿＿＿＿"上填写。

A. 您的学校基本信息

A1. 学校所在地：＿＿＿＿＿省＿＿＿＿＿县＿＿＿＿＿乡（镇）＿＿＿＿＿村

A2. 学校类型：

1. 教学点
2. 村完小
3. 中心小学
4. 普通初中
5. 九年一贯制
6. 完全中学
7. 十二年一贯制

A3. 学校所在地位于：

1. 县城
2. 较偏远乡镇

3. 偏远乡镇

B. 您的个人基本信息

B1. 您的性别：

1. 男　　　　　　　　　　　　2. 女

B2. 您出生于哪一年？ _____年

B3. 您的出生地是：

1. 本村　　　　　　　　　　　2. 本乡/镇，其他村

3. 本县，其他乡　　　　　　　4. 本省，其他县（请注明）_____县

5. 其他省份（请注明）_____省

B4. 您的民族是：_____族

B5. 您的婚姻状况是：

1. 已婚　　　　　　　　　　　2. 未婚

3. 离异　　　　　　　　　　　4. 丧偶

B6. 您有几个 18 岁以下的孩子：_____个（若没有，请填 0）

B7. 您是：

1. 正式教职工（有编制）　　　2. 特岗教师

3. 代课教师　　　　　　　　　4. 支教教师

5. 其他（请注明）

B8. 您现在的最高学历是：

1. 初中及以下　　　　　　　　2. 中专/高中

3. 大专　　　　　　　　　　　4. 本科

5. 硕士及以上

B9. 您所学的专业是：

1. 语文　　　　　　　　　　　2. 数学

3. 英语　　　　　　　　　　　4. 化学

5. 物理　　　　　　　　　　　6. 音乐

7. 美术　　　　　　　　　　　8. 历史

9. 生物

10. 计算机

11. 体育

12. 政治思想教育

13. 法律

14. 地理

15. 教育

16. 其他_____

B10. 您执教以来获得以下荣誉了吗？

1. 是……→（可多选）a. 学科带头人　b. 骨干教师　c. 先进工作者

d. 优秀教师　e. 优秀班主任

2. 否

B11. 您的职称是：

1. 小教二级

2. 小教一级

3. 小教高级

4. 中教三级

5. 中教二级

6. 中教一级

7. 中教高级

8. 未评职称

C. 您的收入情况

C1. 您目前每个月的工资收入（包括基本工资，福利，补贴，奖金等）合计是多少元？_____元

C2. 您2016年绩效工资总额是多少？_____元；年绩效工资总额占您年工资的比例为_____%

C3. 您所在的县是否为在乡村工作的教师发放生活补助/补贴？

1. 是。如果是，您每月的生活补助/补贴标准是_____元/月

2. 否。如果否，您认为合理的乡村教师生活补助标准最低为_____元/月

C4. 目前您的工资收入与本乡镇同学历、工龄的公务员相比：

1. 低很多

2. 稍低一些

3. 基本一致

4. 稍高一些

5. 高很多

C5. 下面是关于您享有的工资福利待遇的表述，请根据您的实际情况

在相应数字前划√

序 号	描 述	完全不符合	不符合	不确定	符 合	完全符合
C5.1	本县/学校给我发放了合理的乡村教师生活补助	1	2	3	4	5
C5.2	本县/学校给我发放了合理的交通补贴	1	2	3	4	5
C5.3	本县/学校给我提供了教师周转房/宿舍	1	2	3	4	5
C5.4	本县/学校给我提供了住房补贴	1	2	3	4	5
C5.5	本县为我们教师提供了住房公积金	1	2	3	4	5
C5.6	本县为我们教师提供了养老保险	1	2	3	4	5
C5.7	本县为我们教师提供了医疗保险	1	2	3	4	5
C5.8	本县为我们教师提供了工伤、生育、失业保险	1	2	3	4	5
C5.9	我的工资高于本地公务员的工资	1	2	3	4	5
C5.10	位置越偏远的学校，教师的工资补贴越高	1	2	3	4	5
C5.11	本县教师职称评聘时会向乡村教师倾斜	1	2	3	4	5
C5.12	本县为长期在乡村任教的教师发放奖励津贴	1	2	3	4	5
C5.13	本县提供教师重大疾病的救助	1	2	3	4	5

C6. 最能够激励您在乡村长期从教的三项政策依次排序是_____、

_____、_____

1. 提高乡村教师生活补助　　　2. 职称评聘时向乡村教师倾斜

3. 提供教师周转房　　　　　　4. 提供教师交通补助

5. 完善教师的"五险一金"　　　6. 设立长期从教奖金

7. 其他_____

D. 您的工作经历

D1. 您的教龄是多少年？_____年

D2. 您在这所学校教学多长时间了？_____年

D3. 您在这所学校任职以前曾经在其他几所学校教过书？_____所。（只在这所学校教书请填0）

D4. 您现在的主教科目是什么？（请只选一项）

1. 语文　　　　　　　　　2. 数学

3. 英语　　　　　　　　　4. 化学

5. 物理　　　　　　　　　6. 音乐

7. 美术　　　　　　　　　8. 科学

9. 生物　　　　　　　　　10. 体育

11. 信息技术　　　　　　　12. 历史

13. 地理　　　　　　　　　14. 政治/思想品德

15. 其他

D5. 您的课时是_____节/每周

D6. 根据下列因素，请对您选择乡村教师职业的三个主要原因进行排序。

a. 第一重要_____b. 第二重要_____c. 第三重要_____。

1. 我喜欢和乡村学生们在一起　　2. 乡村教师生活补助高

3. 乡村教师工资福利有保障　　　4. 乡村教师评职称比城市更容易

5. 城市就业压力大

6. 乡村教师在当地受尊重，有一定社会地位

7. 我从小想做一名乡村教师

8. 我的考试成绩不够上其他学校，所以我上了师范院校

9. 我选择当教师是因为师范学校学费低/免费师范生

10. 乡村教师工作稳定　　　　　　11. 其他

D7. 下面是关于您工作情况的描述，请您结合自身情况，在相应数字前划√，数字越大表示同意程度越高。

工作情况描述	完全不同意	不同意	不确定	同 意	完全同意
a. 我想换职业	1	2	3	4	5
b. 我想换一所学校	1	2	3	4	5
c. 我安心于乡村教师这份工作	1	2	3	4	5
d. 我感到工作压力很大	1	2	3	4	5
e. 上级领导鼓励我们尝试新的教学方式与模式	1	2	3	4	5
f. 我的教学工作量太大	1	2	3	4	5
g. 我认为师生之间应该保持一段距离	1	2	3	4	5
h. 我的学生反应积极	1	2	3	4	5
i. 学校有充足的教学材料与仪器	1	2	3	4	5
j. 学校有充足的教学参考资料	1	2	3	4	5
k. 当我需要帮助的时候很容易得到建议与咨询	1	2	3	4	5
l. 我有很多机会与其他教师进行教学交流	1	2	3	4	5
m. 教研组组织的活动很有价值	1	2	3	4	5
n. 我与学校其他同事的关系很好	1	2	3	4	5
o. 我所在学校教师的干劲很足	1	2	3	4	5
p. 我对我的工资水平感到满意	1	2	3	4	5
q. 我对乡村教师的生活补助水平感到满意	1	2	3	4	5
r. 我对我的福利待遇感到满意	1	2	3	4	5
s. 本地教育机关的教师调动制度合理	1	2	3	4	5
t. 学校教师职称的评定合理	1	2	3	4	5
u. 学校的绩效考核合理、公平	1	2	3	4	5
v. 我的教学自主性很大	1	2	3	4	5
w. 好学生一教就会，学困生再教也没用	1	2	3	4	5
x. 我所教学生的家长很支持学校的工作	1	2	3	4	5
y. 我所在的乡镇尊重教师	1	2	3	4	5

问卷填答结束，再次感谢您的耐心填答！

附录 3　访谈提纲

西部院校师范生访谈提纲

1. 同学你好，你是哪个年级的？学什么专业的？是否免费师范生？成绩在班内是怎样一个水平？拿过奖学金吗？是几等奖学金？

2. 你毕业后有什么打算，是否愿意去乡村任教？为什么？

3. 如果到乡村任教，愿意去哪些地方？

4. 是否知道国家政策（如去贫困山区乡村任教，每个月会有额外补助）？

5. 是否有助学贷款？是否知道去乡村任教会有助学贷款减免政策？

6. 如果到乡村任教，希望得到怎样的工资/福利待遇？国家制定怎样的经济激励政策会吸引你到乡村任教？

师范院校就业处负责人访谈提纲

1. 贵校师范生就业主要去向有哪些？就业率怎么样？

2. 愿意去乡村任教的学生，主要是哪些？

3. 学校是否有针对乡村任教的助学贷款、减免政策？

4. 学校是否有支教的机会和鼓励学生去乡村任教的相关措施？

5. 学校有没有向学生宣传国家的乡村教师生活补助政策、《乡村教师支持计划》等鼓励教师赴乡村从教的政策？

县教育局相关负责人访谈提纲

1. 请问贵县是否出台了本地的乡村教师生活补助政策或《乡村教师支持计划》？

2. 乡村教师生活补助政策实施如何？是否有相关文件？

3. 乡村教师生活补助的经费来源有哪些？保障机制是怎样的？

4. 乡村教师生活补助政策、《乡村教师支持计划》实施以来，乡村教师队伍建设是否取得了明显成效？

5. 贵县教师流失、流动的现状如何？

6. 贵县在乡村教师队伍建设方面都有哪些举措？

7. 贵县教育发展中面临的主要问题是什么？有哪些改革建议？

校长访谈提纲

1. 请您对学校的基本情况做一个简单介绍。

2. 贵校教学质量和办学条件在本县处于何种水平？

3. 贵校在师资队伍方面是否存在教师短缺问题？主要缺哪些学科的教师？教师调动情况怎样？

4. 本县有没有给乡村教师发放津补贴，如果有，每个月多少元？如果没有，有没有制定其他有关乡村教师的激励政策（如住房补贴、交通补贴等或者职称评聘方面的倾斜政策）？学校是否有具体的津补贴文本？

5. 您觉得教师津补贴应该每个月发放多少才比较合理？津补贴划分应依据怎样的标准才比较合理，是统一发放，还是依据乡村偏远程度，或者有其他依据？

6. 您认为乡村教师生活补贴的标准应该怎么样划分，是根据学校位置，还是学校类型（如教学点、寄宿制学校等）？

7. 贵校是如何吸引、保留、激励骨干教师的？

8. 您认为教师绩效工资的分配和考核应该怎么做？

9. 请谈一下绩效工资政策对乡村学校教师的积极影响。

10. 贵校教育面临的主要问题有哪些？

中小学教师访谈提纲

1. 老师您好，请问您教哪一个科目？您在这所学校工作多少年了？

2. 您每个月到手的工资是多少？你们有乡村教师生活补贴吗？绩效工资是按月还是按年发放，有多少？您觉得和当地公务员收入相比，教师的工资水平如何？

3. 您觉得教师津补贴应该每个月发放多少比较合理？津补贴划分应依据怎样的标准才比较合理，是统一发放，还是依据乡村偏远程度，或者有其他依据？

4. 县里是否为乡村教师提供了养老、医疗、生育、工伤、失业保险，是否提供住房公积金？重大疾病是否有救助？是否有教师周转房？

5. 县里的职称评定是否向乡村教师倾斜？你们评职称的机会多吗？

6. 学校制定了哪些激励政策让教师愿意继续留在乡村任教？

7. 您有离职的打算吗？

8. 国家或者县里制定什么样的经济政策，能够对您长期扎根乡村任教起到激励作用？

9. 您是否愿意到乡村任教，为什么？给多少津补贴愿意到乡村任教？愿意在乡村任教的时间有多长？（此问题请县镇教师回答）